안고 우는 기도자

안고 우는 기도자

● 박윤희

규장

환난을 통과한 연단된 사람

2013년 초에 인도 델리에서 한 주간 동안 강의할 때였습니다. 둘째 날, 아침 식사를 하려는데 중년을 훌쩍 넘긴 한 부부가 나를 기다리고 있었습니다. 이들과 함께 식사하며 대화하는 중에 부인이 1년 전에 나에 대해 하나님께서 보여주신 걸 나누었습니다. 나는 매우 흥미 있게 그러나 진지하게 들으며 성령께서 그녀에게 특별한 은사를 주신 걸 확신했지요. 이 자매님이 바로 박윤희 선교사님입니다(남편 허몽구 형제님과 사역을 마치고 다른 지역으로 가기 전에 교제하게 되었습니다).

고린도전서 14장 29절에서 말씀하시듯 예언이 하나님께로부터 온 것인지 분별해야 합니다. 하나님께로부터 온 예언은 세 가지 특징이 있는데 덕을 세우고, 권면하며, 위로하는 것입니다(고전 14:3). 덕을 세운다는 것은 '건축하다', '든든히 서 가다'의 의미로 하나님께로부터 오는 예언은 우리를 든든하고 견고하게 세워줍니다. 권면은 격려하여 힘을 돋워주고, 위로는 요새를 힘 있게 서게 합니다.

하나님의 말씀은 정죄하거나 두려움을 주지 않고, 사람을 묶지도 않습니다. 듣는 자에게 용기를 심어주고, 약한 자를 강하게 하고, 죄에 묶인 자들을 풀어줍니다. 또 죄가 떠나가게 하며, 앞날에 대한 소망을 심어줍

4

니다. 그리고 하나님의 말씀에는 치료하는 힘이 있어 병든 자나 상한 자를 강건하게 하며, 어둠에 매인 자를 자유하게 하지요.

하나님께서 박 선교사님을 어떻게 다루셨는지, 또 지금 어떻게 사용하시는지를 나누는 중에 나는 고인이 된 내 친구인 제프 리틀톤(Jeff Littleton)이 떠올랐습니다. 1983년부터 그와 교제했는데 그의 사역은 많은 사람들에게 용기를 주었고, 그들을 어둠에서 풀어줬으며, 하나님을 위해 헌신하도록 세워주었지요. 박 선교사님의 은사와 사역이 그와 비슷하다는 생각이 들었습니다.

다윗이 사울에게 쫓겨 아둘람 굴에 있을 때 '환난 당한 자들', '빚진 자들', '마음이 원통한 자들'이 몰려 와서 큰 무리를 이루었습니다. 이들은 자신들의 문제에 깊이 빠져 자존감이 낮아질 대로 낮아져 세상을 부정적이고 비판적인 시각으로 바라보았지요. 그런데 놀랍게도 훗날 이들은 다윗과 나라를 견고히 세우는 용사들이 되었습니다. 자신의 문제에 갇혀 있던 자들이 세상의 문제를 해결하는 사람들로 변한 것입니다. 하나님의 긍휼과 사랑과 용서와 위로와 격려가 이들을 변화시켰습니다.

이런 하나님의 역사하심에 쓰임 받는 치유사역자들이 참 귀합니다. 제프가 그런 사람이었지요. 아둘람 굴 출신들이 다윗의 용사가 될 수 있도록 돕는 아름다운 은사를 가졌습니다. 그가 주께로 간 후에 내게 큰 아쉬움이 있었는데, 그때 박 선교사님을 만나게 되었습니다.

치유사역자들은 한결같이 아둘람 굴 출신의 사람들을 긍휼과 깊은 이해와 인내와 사랑으로 대합니다. 이는 한순간에 주어진 은사가 아니라 오랜 기간의 연단을 통해 성령으로 다뤄진 것이지요. 상한 마음과 고통스러운 환경을 통과한 어느 날, 성령의 기름부으심으로 통찰력이 주어지고, 사람들을 위로하며 섬기기 시작합니다.

박 선교사님도 환난을 통과한 연단된 사람입니다. 그녀는 성령께서 자신에게 예언과 치유의 은사를 주신 이유와 이사야서 40장 1절에 "내 백성을 위로하라"라고 하시는 하나님 아버지의 마음을 잘 알고 있습니다. 그러기에 언제나 자신의 몸을 아끼지 않는 희생적인 사랑이 그녀에게 있습니다. 또한 겸손함의 은혜를 알기에 성령께서 귀하게 사용하실 때마다 무릎을 꿇고 하나님께 감사와 찬양의 기도를 드립니다.

하나님께서 박 선교사님을 귀히 사용하셔서 그분의 백성들이 격려와 위로를 받아 하나님나라의 용사로 세워지는 일이 더욱 풍성하기를 바랍니다.

홍성건 목사 | NCMN 대표

하나님을 깊이 사랑하며 사람을 알뜰히 섬기는 사람

바울 사도에게 예수님과 초기 기독교를 박해한 사건은 아픔으로, 다마스커스로 향하던 중 예수님의 임재를 경험한 건 감격으로 남았습니다. 그래서 그는 평생 겸손했고, 확신을 가질 수 있었습니다.

하나님을 깊이 사랑하며 사람을 사랑하고 알뜰히 섬기는 박윤희 선교사님을 하나님께서 사랑하십니다. 그녀는 인생의 아픔을 겪으며 많은 눈물을 흘려봤기에 타인의 아픔을 깊이 공감하며 만져줍니다. 하나님께서는 많은 사람들을 격려하고 세우도록 박윤희, 허몽구 선교사님 부부를 먼저 연단하시어 귀하게 사용하고 계십니다. 두 분을 통해 상처에 매인 자들을 회복시키시고 들어 쓰시는 하나님을 찬양합니다.

김철봉 | 전 고신총회장, 부산 사직동교회 담임목사

변화와 성숙과 쓰임받음의 이야기

아브라함을 비롯해 성경의 많은 인물들이 이민자의 삶을 살았습니다. 그것은 삶의 터전을 완전히 바꾸어 누리던 모든 것을 포기하고 새로운 땅과 문화로 들어가는 모험입니다. 이 과정 중에 누구나 광야와 같은 고난과 시련을 통과합니다. 그래서 많은 이민자들이 '나는 지금 어디를 향해 가고 있는가'라는 질문과 씨름하다가 하나님을 만납니다.

박윤희 선교사님도 그렇게 하나님을 만난 분입니다. 평범한 한 여인이 가정의 고난을 통과하며 하나님을 깊이 만나고, 그분의 특별한 은혜로 은사자가 되고, 긴 시련의 시간을 거치며 성숙한 사역자로 성장하여, 마침내 부르심에 순종하며 열방을 향한 선교사의 길을 가고 있습니다.

오랫동안 지켜보면서 가정과 교회 그리고 사역에 임하는 선교사님의 한결같은 태도와 성품에 점점 더 신뢰하게 됩니다. 또한 일 년 중 절반 가량 순회선교를 다니심에도, 돌아와서는 언제나 충성된 권사로 목회자의

권위를 인정해주며 늘 겸손하게 성도들을 섬기며 궂은일을 마다하지 않고 봉사하고 있습니다.

이 책은 인생의 아픔과 고난과 눈물이 하나님의 은혜로 감사와 기쁨과 열정으로 바뀌는 놀라운 이야기입니다. 또한 독자들에게 변화와 성숙과 쓰임 받는 것에 대한 거룩한 열망을 갖게 할 것이며, 주님의 능력과 은혜로 사는 멋진 삶을 꿈꾸게 할 것을 확신합니다.

김재욱 | 캘거리 한우리교회 담임목사

놀라운 치유와 회복의 기적

목회의 길로 들어선 지 25년, 수많은 기도와 금식으로 살았지만 떨칠 수 없었던 불안과 염려, 그리고 채워지지 않는 갈급함이 있었습니다. 그런 제 심령에 주님께서 깊은 평안과 기쁨과 행복을 주셨습니다. 지금은 '내가 이렇게 행복해도 되는 걸까'라고 느끼며 살고 있습니다. 이 책에는 주님께서 우리에게 행하신 놀라운 치유와 회복의 기적이 수록되어 있습니다. 주님은 지금도 우리를 위해 일하고 계십니다.

김영환 | 인천 양문교회 담임목사

하나님의 사랑을 증거하는 복음의 전도자

박윤희 선교사님은 한국과 인도를 포함한 여러 나라를 다니면서 하나님의 사랑과 복음을 전파하고 있습니다. 아무리 열악하고 힘든 지역일지라도 그분의 사랑이 필요한 곳이라면 달려갑니다.

지난 수년 동안 하나님께서 박 선교사님을 통해 행하신 놀라운 일들을 한마디로 표현한다면, 바로 이 세상을 사랑하시는 하나님의 사랑입니다. 이 책을 통해 더 많은 사람들이 그분의 크신 사랑과 은혜를 경험하게 될 것을 기대합니다.

김홍진 | 인도 예수전도단 선교사

하나님의 놀라운 사랑을
전하는 통로

사랑하고 격려하고 품는 자

나는 주님을 인격적으로 만난 후에 한 번도 구한 적이 없음에도 신비한 체험을 많이 했다. 그동안 이 간증은 복음을 전해야 할 자리에서만 조심스럽게 나누었다.

2004년 어느 추운 겨울, 일에 지쳐 피곤하기도 하고 그날따라 눈이 많이 내려 망설이다가 화요 중보기도 모임에 갔을 때였다. 사람들과 기도할 때 갑자기 내 머릿속에 큰 호수가 보이더니, 그 물이 내 마음에 흘러들어오는 걸 느꼈다. 그러자 피곤했던 몸이 깃털처럼 가벼워지고, 그 물이 영에 가득히 채워지는 느낌이 들면서 형용할 수 없는 기쁨이 넘쳐흘렀다.

기도 모임을 마치고 늦은 밤이 되어서야 귀가한 나는 바로 자리에 누웠다. 내 귀에 째깍거리는 시계 소리, 남편의 코 고는 소리, 큰아들 야곱이가 방문을 닫는 소리, 히터가 돌아가는 소리, 내 숨소리까지 다 들리는데, 그때 또 하나의 내가 다른 곳을 향하고 있었다.

홀로 한쪽 길로 한참 가고 있는데 낡은 고층 건물을 큰 구렁이가 칭칭 감고 있는 모습이 보였다. 너무나 징그럽고 흉측해서 눈을 어디에 두어야 할지 몰랐다. 순간 성경을 읽는 소리와 나지막하게 말씀을 선포하는 소리가 들리면서 그 말씀의 능력에 뱀들이 꼬리를 감추고 전부 사라지는 게 보였다. 나는 생각했다.

'아, 말씀의 위력 앞에 어둠의 영들이 꼼짝 못하고 도망가는구나!'

또 깨끗한 길가에 이름 모를 꽃이 아름답게 피어 진한 향기를 내고 있었다. 활짝 핀 꽃들 옆에 있는 나무에는 탐스럽게 잘 익은 열매들이 주렁주렁 달려 있었다. 그때 '믿음으로 성숙한 이들의 생명이 더 존귀하다'라는 하나님의 음성이 들렸다.

그 길 끝의 왼편에는 눈이 부셔서 제대로 볼 수 없을 정도로 빛나는 보석으로 지어진 성이 있었다. 글이나 말로는 도저히 표현할 수 없는 맑고 깨끗한 성의 모습이 하나님의 섬세한 사랑을 표현하는 것 같았다. 또 길의 가운데와 오른편에도 같은 보석 성이 있었다. 세 개의 성에서 밝은 빛이 나와 내 마음에 쏟아져 내렸다. 하나님의 사랑이었다. 나는 감동하여 소리쳤다.

"하나님, 정말 사랑해요!"

"사랑하는 딸 윤희야, 나도 너를 사랑한단다."

따뜻한 바람 같기도 한 부드러운 음성이 다시 들렸다.

"이 세상의 하나님의 자녀 된 모든 자들을 너와 똑같이 사랑한단다."

하늘을 울리는 온화한 빛의 음성이 부드러운 바람을 일으키며 내 가습과 얼굴에 닿았다. 그 빛을 받고, 하나님의 은혜를 감동으로 체험하며 내 과거의 상처가 치유되는 것 같았다.

나는 하나님께 여쭈었다.

"제가 앞으로 어떻게 살아가야 주님이 기뻐하실까요?"

주님은 세 가지 말씀을 들려주셨다. 말씀과 하나님 중심으로 사는 믿음의 삶을 살고, 끝까지 믿음으로 인내하는 자가 되며, 복음을 전하고 영혼을 사랑하며 격려하고 품어주는 자가 되라고 하셨다. 또 기뻐하고 평안하며 감사하라고 하셨다.

오른쪽에 있는 성 앞에 황금으로 된 성이 보이기 시작했다. 세상의 금은 100퍼센트 순금이 아니지만 이 성은 완전무결하고 순수한 금이라고 말씀하셨다. 또 '황금'은 믿음을 뜻한다고 하셨다. 그 성의 모습이 매우 우아하면서도 장엄하여 고개가 절로 숙여졌다. 뒤편에는 절묘하게 깎인 산들이 황금성과 어울려 하나님께 영광을 돌리고 있었고, 그 앞에는 강물이 유유히 흐르고 있었다. 그런데 순간, 내 앞에 큰 물체가 있는 듯했지만 볼 수가 없었다.

"아버지, 제가 보기를 원합니다. 보여주세요."

그것은 겸손함이 있어야 보인다고 하나님께서 말씀하셨다. 그래서 내 중심의 모든 생각을 내려놓고 더 낮추고 회개하며 "주님, 저는 아무것도 아닙니다. 주님의 뜻에 오직 순종하는 딸이 되겠습니다"라고 고백했다. 그러자 눈앞에 큰 면류관이 보였다. 금빛 면류관이 하늘 전체에 둥실 떠 있었다. 나는 하나님께 여쭈었다.

"이 면류관은 머리에 쓸 수 있는 건가요?"

"이것은 마음으로 쓰는 것이다. 그러나 머리에 써도 된다."

부드러운 음성으로 말씀해주셨다. 자세히 보니 면류관 아래에 무언가가 많이 달려 있는 게 보였다. 그것은 세상에서 맺은 '열매'라고 하셨다. 복음을 전한 열매, 원수를 용서한 열매, 세상을 사랑하지 않고 하나님의 나라를 이루고 산 열매, 자기의 의를 드러내지 않고 주님의 마음으로 섬기고 봉사한 열매, 이웃을 사랑한 열매, 육신의 부모를 공경한 열매, 남을 위해 중보기도한 열매, 주님께서 주신 선물인 자녀들을 믿음으로 잘 키운 열매가 면류관에 주렁주렁 달려 있었다. 하나님께서 그분의 자녀들에게 주실 이 면류관을 귀히 여긴다고 하셨다.

또 아름다운 산 중턱에 있는 반달 모양의 집을 보여주셨다. 그런데 그 집의 지붕에 구멍이 숭숭 나 있었다.

"주님, 구멍이 왜 이렇게 많나요?"

"이 집은 네 마음의 집이다. 이 구멍으로 사랑이 전달될 것이다. 앞으로 너는 수많은 사람들에게 사랑을 전하는 딸이 될 것이다."

나는 주님의 귀한 사랑을 많은 사람들에게 전해야겠다고 다짐했다. 감동이 되고 감격하여 찬송가 〈내 영혼이 은총 입어〉를 부르고 또 불렀다. 그리고 주께 여쭈었다.

"주님께서 제일 기뻐하시는 게 무엇인가요?"

"너희가 기뻐하라, 평안하라, 감사하라."

나는 그동안 지었던 모든 죄를 회개했다. 불평불만을 했던 것, 잘못을 피하려고 변명하고 남을 정죄했던 것, 욕심을 부렸던 것, 남을 질투하고 미워했던 것, 잘난 체했던 것, 아이들을 감정적으로 책망하고 남편을 무시했던 것, 내 뜻을 앞세웠던 것을…. 그리고 나니 마음이 평안해지고 기쁨과 감사가 솟았다.

우리는 아무것도 할 수 없다. 주님 안에서 그분이 주신 능력으로만 할 수 있다. 능력의 하나님께서 우리를 그분의 형상으로 창조하셨고, 우리를 통해 그분을 드러내시기 위해 최고의 존재로 인정해주시며, 말씀대로 순종하는 삶으로 회복시키신다. 이 체험을 통해 나는 믿음이 굳건해졌다. 그리고 하나님을 더 분명하게 만나게 되었다.

고난을 통해 깨달은 사랑

3년 전 기도하던 중에 잃어버린 영혼들을 찾기 위해 책을 내게 될 거라는 마음을 주셨다. 그동안 나는 마음에 감동으로 들려주신 주님의 음성은 반드시 이루어지는 걸 봐왔다. 그러나 바쁜 삶으로 인해 그 음성을 잊고 지냈다.

2014년 여름에 아프리카에서 사역하시는 한 선교사님이 내게 연락을 해오셨다. 주님께서 곧 책을 쓰게 하실 것이니 준비하라고. 잊고 있었던 주님의 음성이 생각나서 그때부터 마음의 준비를 하고 있었다.

주님은 이 일을 이루시기 위해 그해 연말에 규장출판사의 여진구 대표를 만나게 해주셨다. 그 만남을 계기로 규장에 가서 사역을 하게 되었는데, 그때 간증집에 대한 제안을 받았다. 나는 책을 내는 게 주님의 뜻임을 확인하고, 들려주신 음성은 반드시 이루신다는 걸 또 한 번 깨달았다.

그러나 6개월의 해외 순회사역을 마치고 캐나다 캘거리의 집으로 돌아왔지만 도저히 글을 쓸 여유가 없었다. 그래도 조금씩 써나가고 있었는데 영적 공격이 만만치 않았다. 위장 상태가 나빠져 몇 달째 죽만 먹어야 했고, 정신적으로도 갈등이 심했다. 여러 가지 쓸데없는 연약한 생각이 글을 쓸 수 없도록 공격했다. 그렇지만 '이럴수록 더 순종해야겠다'라는 마음이 들어 더욱 용기를 냈다.

이 책을 쓰는 동기는 하나님께서는 분명히 살아 계시며, 수많은 영혼들에게 임재하신 성령의 능력으로 내적치유를 받고, 영적 회복이 일어나고 있다는 걸 알리기 위함이다. 이 사역에 순종하기까지 하나님께서는 아무것도 아닌 부족한 자를 사랑으로 끝까지 기다리시고, 오랜 고난을 통해 훈련시키셨다. 그 광야의 고난이 길고 긴 터널이었지만 그 안에서 내가 깎이고 다듬어진 것에 대해 주님께 감사할 뿐이다.

10여 년의 고난을 통해 나는 주님이 한 영혼을 얼마나 사랑하시는지를 깊이 깨달았고, 사역의 길도 열리게 되었다. 사랑으로 그들을 위로하고 격려하시며 열방에 세워주신 하나님의 방법이 참 놀랍다.

또한 주님은 수많은 영적 권위자들을 통해 이 사역의 길을 예비하시고, 놀라운 방법으로 세워주셨다. 이는 목회자들의 영적 회복을 위한 것임을 알게 하셨다. 그들이 회복되어야 그들에게 맡겨진 하나님의 양들이 회복된다. 주님의 사랑으로 우리 안에 있는 상처를 치유하고 회복시키시는 이 모든 사역의 목적은 한 영혼을 천하보다도 더 귀히 여기시는 놀라우신 하나님의 사랑을 널리 알리는 데 있다.

네 상처를
내가 안으리라

CHAPTER 01

만나주시다

안고 울며 기도하다

기도와 은사사역은 성령님의 나타나심이다. 성령께서 우리 안에 거하시고 인도하시며, 각종 은사를 나누어주신다. 집회를 하거나 개인적으로 기도사역을 할 때 그분이 친히 운행하셔서 영혼들을 회복시키신다.

사람의 능력, 즉 의술로도 치유하지 못했던 한 자매를 성령님께서 만지신 일이 있었다. 한국과 열방사역을 위해 인천의 숙소에 있을 때의 일이다. 40대 초반으로 보이는 키가 큰 한 자매가 고함을 치며 숙소 문을 열고 들어왔다.

"하나님이 살아 있다면 너희 중에 누구라도 증거를 내놔봐라. 너희들 다 위선자들 아니야?"

숙소엔 몇몇 목사님들도 함께 있었다. 그동안 많은 사람들을 위해 기도했지만 이런 사람은 처음 보았다. 함께 온 부모는 안절부절하지 못했다. 늘 이래왔다는 눈길로 고함을 지르는 딸을 방으로 밀고 들어왔다. 자매는 왜 자기를 이상한 곳에 데려왔냐며 부모에게 언성을 높이고 패악을 부렸다. 그리고는 우리를 보며 고함을 쳤다.

"너희들이 하나님을 잘 알고 믿음이 좋다면 그 하나님을 내게 보여줄 수 있어? 나는 이미 지옥에 내 이름이 쓰여 있어서 거기에 갈 준비가 다 된 사람이야!"

부모는 민망하고 부끄러워 말없이 고개만 숙였다. 함께 온 담임목사님 부부도 아무 말이 없었다. 이런 일을 수없이 겪은 듯했다. 교회에서도 예배나 기도 모임에 나타나 훼방을 놓는다고 했다. 지난 10년 동안 정신과 치료도 받고, 축사기도나 영적기도도 여러 번 받았지만 소용이 없다고 했다.

내가 봐도 자매의 상태는 심각했다. 그녀는 키도 크고 예뻤으며, 모태 신앙으로 부족함 없는 가정에서 태어나 부모의 사랑을 듬뿍 받으며 귀하게 자랐다. 또 말씀 공부와 기도, 봉사와 섬김도 열심히 했고, 공부도 늘 1등을 놓친 적이 없으며, 특히 음악에 탁월한 재능을 보여 서울대학교 음악대학을 졸업했다고 했다.

관객 앞에서 지휘를 하며 자기 앞길을 잘 닦아나가다 서른이 넘으면서 마음에 의심이 들어오기 시작했다. 하나님에 대한 부정이 심해지면서 주변 사람들과 불편해졌고, 학교 친구들마저 그녀를 피했다. 그렇게 혼자 있을 때가 많아지면서 소외감은 더욱 커지고, 우울증에 빠져 심한 불면증에 시달렸다.

방으로 들어온 자매가 내게 소리쳤다.

"당신, 정말 선교사가 맞아? 가짜 아냐? 내가 보니 가짜네!"

나를 참소하고 조롱했다. 그리고 방에 있는 사람들에게 돌아가며

시비를 걸었다. 도저히 기도할 수 없는 상태였다. 나는 마음으로 주님께 도와달라고 간절히 기도했다. 순간, 내 마음에 긍휼함이 일어났다. 10년 동안 고독하고 외로웠던 자매의 마음이 아픔으로 느껴지면서 눈물이 쏟아졌다. 누구에게도 위로받지 못하고 내쳐지기만 했던 거절감이 원인이었다.

온몸에 쇠사슬이 감긴 채 어둡고 깊은 동굴 속에서 사탄의 굴레를 벗어나지 못하고 있는 자매의 모습을 하나님께서 보여주셨다. 그녀는 어둠의 소리를 대변하는 데 이용당하고 있었다.

자매가 또 다시 소리를 질렀다.

"하나님을 보여 봐. 나는 지옥에 갈 것을 생각하니 기쁘다!"

그때 주님께서 내게 지혜를 주셨다. 나는 자매만 남고 모두 방에서 나가줄 것을 부탁했다. 어둠의 영들은 주위에 사람이 많을수록 거짓과 참소할 조롱거리를 찾아 혼란하게 하여 결국 기도할 수 없게 만든다. 방에서 나가는 부모의 얼굴에는 낙심의 빛이 역력했다. 자매를 부른 목사님도 나를 염려해서 그녀를 돌려보내기를 원했고, 남편도 내가 극도로 피곤한 걸 알고 "자매가 지금 기도를 받을 준비가 안 되었다"라고 하며 그냥 보내라고 말했다.

이럴 땐 성령께서 도우신다는 걸 믿고 사역자가 담대해야 한다. 어떤 사람이 와서 기도를 받을 때라도 그의 인격을 최대한 존중해야 한다. 한 영혼을 천하보다도 더 사랑하시는 주님의 마음으로 품어야 한다.

방에 나와 자매만 남았다. 그 영혼을 위해 긍휼한 마음으로 기도하는데 신기하게도 그녀의 고함이 내 귀에 이렇게 들렸다.

"주님, 살려주세요. 참 진리 되신 주님을 만나고 싶어요. 아무도 내게 하나님에 대해 전하지 않았어요. 정말 주님을 알고 싶고, 보고 싶어요. 하나님, 사랑해요. 제발 저를 빨리 만나주세요. 저는 살고 싶어요. 지옥에 가기 싫어요!"

자신의 진심을 알리기 위한 절규로 들렸다. 그런 모습이 너무나 불쌍해서 내 눈에서 장대비 같은 눈물이 흘렀다. 나는 나보다 더 큰 자매를 안아주며 '주님이시라면 지금 어떻게 하실까'를 생각했다. 그런 갑작스런 내 행동에 당황한 자매가 나를 밀쳐내려고 했지만 나는 더 세게 안고 통곡하며 간절히 기도했다.

"주님, 이 딸이 오늘 꼭 치유되어야 합니다. 고쳐주옵소서. 이 딸 안에 있는 사악하고 끈질긴 사탄을 쫓아내주옵소서!"

그리고 자매의 이름을 부르며 말했다.

"○○야, 그동안 얼마나 힘들고 외로웠니? 내 눈을 봐. 네 아픔을 인정하고, 위로하며 진심으로 사랑하는 눈이란다!"

하지만 자매는 내 눈을 보지 못했다. 어둔 영의 무리에 사로잡힌 초점 없는 사악한 눈빛으로 아무 소리 없이 가만히 있었다. 나는 아버지께 더 간절히 기도했다.

'주님, 지금 이 순간 역사해주세요. 저는 아무 능력이 없습니다. 주님만이 이 딸을 고치실 수 있습니다!'

그때 주님이 자매가 손목의 동맥을 끊어 자살하려는 장면을 보여주셨다.

"사랑하는 내 딸아, 너는 왜 자살하려고 했느냐? 네 생명은 내 것이지 네 것이 아니다. 네가 죽으려고 했을 때 내가 살린 걸 아느냐? 너는 이제 죽지 않을 것이다. 회복되어 내 제자가 될 것이다. 네가 겪었던 오랜 고난을 통해 경험하고 만난 네 하나님을 온 열방에 전하게 될 것이다!"

내가 기도하니 갑자기 그녀가 울기 시작했다. 절대 깨질 것 같지 않던 단단한 마음에 빛이 들어갔다. 어두웠던 자매의 눈에서 눈물이 폭포수처럼 쏟아졌다. 그리고 처음으로 자신의 마음을 말했다. 세 번이나 자살하려다가 실패했다고.

나는 자매를 안고 한동안 함께 울었다. 어떤 말도 필요 없었다. 자매의 중심을 아시는 성령께서 그녀만 알고 있던 비밀을 드러내니 항복한 거였다.

사탄에게 속아 10년을 동굴 속에 갇혀 있을 수밖에 없었던 자매에게 주님이 보혈의 손으로 안수하여 모든 죄의 쓴뿌리를 없애버리셨다. 의심과 적개심과 억울함, 자만심과 교만함, 사망의 영이 그녀를 지배하고 조종하고 있었다. 그 사탄을 내어쫓는 대적기도를 계속하자 자매가 가슴을 쥐어뜯으며 쓰러졌다.

나는 하나님의 사랑을 느끼게 해주고 싶어서 그녀를 안고 부드럽게 쓰다듬어주었다. 그렇게 조용히 시간이 흐른 후, 자매가 부드러운 목소리로 기적 같은 말을 했다.

"사탄이 떠나갔다. 할렐루야!"

그녀의 눈이 부드럽고 사랑스런 눈으로 돌아왔다. 우리는 부둥켜 안고 한참 동안 주님께 감사기도를 드리며 울고 또 울었다. 그녀가 하나님께 회개하는 모습이 너무도 겸손하고 아름다워서 나는 위로와 격려를 아끼지 않았다. 그리고 자매에게 부탁했다.

"밖에서 초조한 마음으로 중보기도를 하고 있는 부모님께 지난 10년 동안 불효했던 것에 대해 용서를 구할 수 있겠어요?"

자매는 순종하는 마음으로 "네"라고 대답했다. 나는 방 밖으로 나가 기도로 돕고 있던 분들에게 말했다.

"하나님께서 이 딸을 회복시키셨습니다!"

모두가 함성을 터트리며 기뻐했다. 모두들 하나님의 놀라운 역사하심을 본 증인이 되었다. 자매는 부모님께 큰절을 올렸다. 그들의 눈에서는 하염없이 눈물이 흘렀고, 자매도 마찬가지였다. 나는 서로에게 용서를 구하라고 했다. 그 아름다운 모습은 주님께서 주신 감사의 선물이었다. 이 모든 일을 행하신 그분의 사랑이 놀라웠다.

이런 하나님의 사랑의 마음을 직접 체험하고, 몸과 마음이 병들고, 상처 입은 수많은 사람들을 만나고, 그들을 위해 기도하는 자로 세워지기까지 내게도 길고 긴 훈련의 여정이 있었다.

내가 만난 창조주 하나님

1979년 어느 날 아침, 함께 식사하던 어머니가 갑자기 쓰러지셨다. 지병인 고혈압으로 쓰러져 싸늘하게 식어 가는 어머니를 부둥켜안고 애타게 "엄마" 하고 부르는 것 외에는 내가 할 수 있는 게 아무것도 없었다. 그렇게 어머니는 사랑하는 막내딸의 품에서 허망하게 돌아가셨다. 내 생애의 충격적인 첫 사건이었다.

당시 나는 폐결핵을 앓고 있었고, 몸도 마음도 의지할 곳이 없어 차라리 죽고 싶었다. 대인 기피증에 걸려 나 자신과 세상의 모든 사람들이 다 싫었다. 방 안에 틀어박혀 생각에 깊이 잠겨 누운 채 어머니를 그리워하며 울고 또 울었다.

그러던 어느 날, 갑자기 그런 용기가 어디서 나왔는지 모르지만 '부모님이 못다 이룬 뜻을 내가 이루리라'라는 마음이 들어 방문을 박차고 무작정 밖으로 나갔다. 만 스물세 살의 봄, 밝고 따스한 봄볕이 슬픈 내 마음에 스며들었다. 나는 하염없이 걷다가 잠시 멈춰 하늘을 바라보았다. 내 눈 앞에 펼쳐진 청명한 봄 하늘이 정말 아름다웠다.

'이 세상은 누가 지은 것일까? 지금 내 앞에 펼쳐진 이 아름다운 자연을 만드신 분이 틀림없이 있을 거야!'

문득 이런 확신이 들었다. 이 세상이 큰 능력자의 치밀한 계획으로 창조된 것이며, 그분의 초자연적인 힘으로 세상 만물이 창조되었다는 믿음이 생겨났다. 그리고 눈을 조금 낮추어 길가에 늘어선 가로

수를 바라보니 따뜻한 봄기운을 받아 가지마다 새순이 돋아나고 있었다. 위대한 자연의 생명력 앞에서 눈물이 왈칵 쏟아졌다. 그러면서 이런 생각이 들었다.

'추운 겨울 동안 아무도 돌본 사람이 없는데도 때가 되니 새순이 돋고 잎이 자라는구나…. 누군가가 이 세상을 창조했고, 그분의 섭리 안에서 움직이는 게 확실해. 바로 그분이 하나님이시구나!'

갑자기 새로운 눈이 열리고 내 안의 다른 내가 다시 깨어나는 것 같았다. 나는 눈을 더 낮추어 거리에 지나다니는 사람들을 살펴보았다. 예전에는 사람에 대해 한 번도 깊이 생각해본 적이 없었는데 사람 자체가 신기하고 놀랍게 보였다.

'눈과 코, 입과 머리, 머리카락과 눈썹, 다리와 팔, 또 보이지 않는 몸속의 기관들과 사고 체계를 가진 사람이 정말 대단하고 오묘한 존재구나!'

이런 인간을 창조하신 분이 바로 하나님이시란 걸 알게 되었다. 어릴 때 과학 시간에 배운 진화론이 말도 안 되는 거짓이라는 걸 하늘과 자연과 사람을 통해 스스로 깨우치게 된 것이다.

'그래, 나 역시 하나님께서 창조하셨구나!'

기적처럼 자연과 사람을 보며 창조주 하나님을 만나고, 나는 잃어버린 보물을 발견한 것처럼 기뻤다. 낙담한 마음에 새 소망이 생겼다.

'하나님'이란 단어가 떠오른 건 그때가 처음이 아니었다. 그것은 오랜 세월 동안 내게 잊혀진 단어였다. 나는 다섯 살 즈음에 참빗으로 머리를 곱게 빗고 꽃무늬 한복을 입은 어머니의 손을 잡고 가파른 언덕 위에 있는 교회에 갔었다. 여름성경학교에서 그림으로 예수님과 하나님에 대해 배웠던 기억이 났다. 그러다 이사를 하고서 교회에 가지 않게 되었다.

교회에 다니든, 다니지 않든 이 세상 사람들은 하나님을 지식적으로 알고 있다. 나 역시 그 수준이었다. 그런데 그렇게 막연하게 알던 하나님을 나를 창조하신 분으로 만나게 된 것이다.

'그러면 앞으로 내가 할 일은 무엇일까?'

하나님을 더 알고 싶었던 나는 그 길로 교회로 향했다.

광야의 시작

어머니가 돌아가신 후 큰오빠 집에서 더부살이하던 나는 암울한 현실에서 늘 벗어나고 싶었다. 그러던 어느 날, 한 지인이 차를 타고 가다가 날 보고 경적을 울리며 타라고 손짓했다. 차에 타니 그가 말했다.

"내 친구의 동생이 캐나다에서 신붓감을 구하려고 왔는데 마음에 드는 사람을 아직 못 만났대. 곧 돌아갈 거라는데 방금 지나가는 널 보니 그에게 소개해줘야겠다는 생각이 들었어."

나는 두 달 전에 어머니를 잃은 슬픔이 크기도 하고, 결혼을 전제로 누군가를 만날 준비도 되어 있지 않다고 말했다. 그런데 이후에도 그 분이 계속 연락을 해와서 할 수 없이 만나보기로 했다.

첫 만남에 그는 장발에 검은 선글라스를 끼고, 긴 코트에 짙은 녹색 가죽구두를 신고, 007 가방(사각형의 소형 서류가방)을 들고 나타났다. 그리고 만나는 2시간 동안 자기 이야기만 했다. 말을 많이 해서 실수할 것 같았지만 한편으론 솔직하고 순수하며 때 묻지 않은 사람인 것 같았다. 그런데 이상하게도 그를 한 번밖에 만나지 않았는데 '이 사람에게는 내가 정말 필요하겠다'라는 생각이 들었다. 당시 나는 보통의 아가씨들과 생각이 좀 달랐던 것 같다.

내가 그와 결혼하겠다고 하자 오빠와 언니들이 무척 반대했다. 그러나 나는 오히려 결혼에 대한 기대가 없었기에 단호했다. 어두운 현실에서 도피하기 위한 선택이기도 했기 때문이다.

결혼 후 캐나다의 캘거리로 갔다. 당시 이민 간 사람들이 거의 그렇듯 남편도 생활의 기반이 잡혀 있지 않았다. 또 결혼 전에 나이를 묻지 않아서 정확히 몰랐는데 알고 보니 나보다 열두 살이나 많았다. 맘껏 멋을 부린 한국에서의 모습 또한 신용카드와 외상으로 치장한 것이었다. 태권도 사범이었던 남편은 1975년에 캐나다에 특기생으로 이민을 왔다고 했다. 그는 결혼 후 운동을 그만두고 직장생활을 하기 시작했다.

나는 타국의 낯선 환경에 적응하기도 벅찬 가운데 아들만 둘을 연년생으로 낳았다. 그러던 중에 셋째를 임신하게 되었는데 도저히 낳아서 키울 엄두가 나질 않아 고민하다가 낙태를 결정했다(그때는 믿음이 없어서 그런 무서운 생각을 했다). 그런데 교회의 할머니 권사님이 호통을 치시며 말했다.

"하나님께서 주신 존귀한 생명을 인간이 마음대로 없애는 건 큰 죄를 범하는 일이야."

나는 두려운 마음이 생겨 아이를 낳기로 했다. 이왕이면 딸이길 바랐는데 아들이라 실망이 컸다. 그런데 이상하게도 갓 태어난 아기가 우유를 먹질 않았다. 울음소리도 약했다. 우유를 먹이려고 아이를 흔들어보기도 하고, 눈을 맞춰보기도 하며 별의별 방법을 다 썼지만 아이는 전혀 먹지 않았다.

의사들도 왜 아이가 먹지 않는지 모르겠다며 기다려보자는 말만 했다. 아이가 죽을 거라는 두려운 생각이 엄습했다.

'이대로 이 아이는 굶어죽게 될 거야.'

아무리 먹여보려고 해도 먹지 않는 아이의 체중이 늘어날 리가 없었다. 태어났을 때 3킬로그램이던 체중이 2.3킬로그램으로 줄었다. 신생아가 체중이 준다는 건 죽어가고 있다는 거였다. 나는 작고 뼈만 앙상한 아기를 바라보며 하염없이 울었다.

'정말 하나님이 계시다면 왜 가만히 계실까?'

가혹한 현실 앞에서 내 안에 원망이 생기기 시작했다.

'하나님, 당신은 제가 생각했던 분이 아니시군요. 저를 이렇게 힘들게 하는 당신은 창조주 하나님이 아니지요?'

아기에게 캐나다에서 시판되는 거의 모든 종류의 분유를 먹여 보았지만 소용이 없었다. 캘거리는 겨울이 6개월가량 지속된다. 길고 추운 겨울 동안 먹지 않는 아기와 씨름하며, 말썽꾸러기 두 아들을 데리고 집에 갇혀 있다시피 하니 우울증이 생겼다. 남편도 가족을 부양하기 위해 열심히 일만 하다 보니 피로함에 짜증을 자주 냈고, 우리는 서로 지쳐갔다.

당시 나는 교회에 다니기는 했지만 믿음이 거의 없었다. 일주일에 한 번 가는 교회도 아이들과 전쟁을 하다시피 하며 가야 했다. 교인들은 걱정스런 눈길로 막내를 바라보며 "쯧쯧, 더 작아졌네, 얼마나 힘들까"라고 한마디씩 했다. 그때는 어떤 위로나 격려도 내겐 상처가 되었다. 아이를 건강하게 키우지 못한 죄책감에 눈물이 왈칵 쏟아졌다.

그러던 어느 날, 답답한 마음에 아기를 바라보며 말했다.

"존, 왜 안 먹니?"

아이에게 정말 묻고 싶었다. 그래서 눈을 쳐다보며 이 말만 되풀이했다. 순간, 기적 같은 일이 벌어졌다. 아이의 초롱초롱 빛나는 눈이 나와 마주치더니 쌩긋 웃는 게 아닌가! 마치 "엄마, 나 괜찮아요"라고 신호를 보내는 것만 같았다. 이후 거짓말처럼 내 눈에서 눈물이 멈췄고, 아기가 살 수 있다는 희망이 생겼다. 그리고 하나님께 지혜를 구했다. 우유 대신에 곱게 간 현미를 끓여 아이의 혀 밑에 조금씩 넣어주었다. 지금 생각하면 위험한 일이었지만 그때는 아이를 살리는 최선의 방법이었다.

그렇게 일주일이 지나자 아이의 체중이 조금씩 늘어갔다. 나는 '내가 죽는 한이 있어도 이 아이를 살리겠다'라는 정성과 사랑으로 키웠다. 다행히 아이는 두 돌이 지나자 걷기 시작했고, 초등학교 때까지 좀 느리기는 했지만 정상적으로 잘 자라주었다.

예수님을 믿게 해주세요

내가 예수님을 믿게 된 동기도 존을 키우면서부터였다. 당시 나는 지칠 대로 지쳐서 죽고 싶을 정도로 낙심해 있었다. 그러던 중 교회의 2층 대예배실에서 복음을 듣게 되었고, 예수님이 누구신지에 대한 궁금증이 생겨 예수님을 믿게 해달라는 기도를 드렸다. 내가 도저히 믿지 못하는 이유는 '나는 죄인이 아니다'라는 생각 때문이었다.

'왜 그분이 내 죄 때문에 돌아가셨지? 나를 구원하시려고 지금 내 눈앞에서 십자가에 돌아가신다고 해도 믿을 수가 없는데, 그것도 2천 년 전에 말이야. 내게 무슨 죄가 그리 많단 말인가?'

나는 존이 현미죽을 조금씩 먹으며 자라고 있을 즈음, '믿지 않을 가능성이 95퍼센트이지만 믿을 수도 있는 5퍼센트를 위해 기도나 해보자'라는 심산으로 일 년 동안 습관처럼 요리하고 청소하고 기저귀를 갈 때 줄곧 "예수님을 좀 믿게 해주세요"라고 기도했다. 기도인지 한숨인지 모를 그 한마디를 종일 되뇌었다.

당시 회사에 다니던 남편이 정리 해고를 당해 당장 생활과 세 아이 양육이 막막했다. 그러자 미래에 대한 불안과 두려움이 나를 엄습해 왔다. 남편이 새로운 직장을 구하겠다며 마지막 남은 돈과 빌린 돈을 합해 비행기 표를 구해서 미국의 사촌형 네로 잠시 떠났다.

그날 저녁에 '내가 왜 캐나다에 왔을까' 하는 후회와 고독한 아픔이 쏟아져 나와 견딜 수가 없었다. 그러다 문득 엎드려 기도를 해보기로 했다(믿음이 없던 나는 엎드려 기도하는 게 전심으로 기도하는 건 줄 알았다). 그래서 아이들을 다 재워놓고 거실에 엎드려 기도했다. 그때는 기도라기보다는 삶에 대한 하소연이라도 해보고 싶었다.

머릿속은 캄캄했고, 무엇을 기도해야 할지 전혀 생각나지 않았다. 넋 나간 사람처럼 가만히 엎드려 있었다. 그런데 내 폐부 끝에서 뜨거운 열기 같은 게 서서히 올라왔다. 그 기운이 가슴과 목을 타고 올라오더니 입에서 통곡이 흘러나왔다. 가슴을 저미며 토해 내는 소리였다.

한참을 울다 보니 머릿속에 다섯 살 난 어린아이의 모습이 떠올랐다. 그 아이가 친구 집에서 재미있게 소꿉놀이를 하다가 소꿉을 전부 치마 주머니에 담아 집으로 들어오는 모습이었다. 그 아이가 바로 나였다. 내가 도둑질을 한 것이었다. 죄를 저지른 적이 없다고 결백을 주장했던 것과 달리 나는 소꿉을 훔친 죄인이었다. 나 스스로 죄를 시인하기까지 하나님께서 야단치거나 책망하지 않으시고 사랑으로 내게 계속 들려주셨다.

'너는 남편을 무시하고, 자녀를 짐으로 생각했으며, 이웃을 사랑하지 않았다. 그리고 예수님을 구주로 받아들이지 못한 죄는 이보다 더 크다.'

또 시기와 질투, 탐심과 욕심, 정욕과 간음, 미움과 책망과 이간질, 비판과 비방 등 생각으로 저지른 죄가 얼마나 많은지 따스한 음성으로 알려주셨다. 나는 입술로 그 죄들을 뉘우치고 통회했다. 너무나 부끄러워 쥐구멍에라도 숨고 싶었다.

"주님, 저는 감옥에 가는 사람들만 죄인이라고 생각했어요. 저는 이 모든 죄를 저지른 큰 죄인입니다. 용서해주세요!"

방바닥을 두드리며 통곡하고 회개했다. 하나님께서는 사랑으로 나를 용서해주셨다. 사랑은 놀라운 능력이며 권능이고 빛이다. 내 마음의 어둠 속에 숨겨진 모든 죄를 하나님께서 사랑의 빛으로 비춰주셔서 회개할 수 있었다.

조목조목 회개기도를 다한 후에야 마음에 기쁨과 평안이 찾아왔다. 그러고 나니 모든 게 감사하고 기뻤다. 내 형편과 상황은 그대로였지만 죄에서 자유하니 이루 말할 수 없는 감사가 마음 깊은 데서부터 가득 차올랐다. 나는 문을 열고 밖으로 나가보았다. 숨을 들이마실 수 있는 신선한 공기를 주심에 감사했다. 밤하늘의 별들이 천사의 무리처럼 보였고, 밝은 달은 주님의 얼굴처럼 다가와 나를 격려해주는 것 같았다.

이전에는 아무리 믿으려고 해도 의심이 들어서 예수님을 구주로 받아들이지 못했는데 죄를 회개한 후에는 조금도 의심 없이 분명히 믿게 되었다.

맨손으로 시작한 사업

남편이 실직하고 재정이 채워지질 않아 두렵고 염려가 됐지만 은혜를 받고 나서는 내 안에 담대함이 생겼다. 5년 동안 세 아이만 키우느라 영어 한마디도 제대로 못하던 내게 하나님께서 길을 열어주셨다.

교회에서 만난 친구가 내게 맥스(Mac's)라는 편의점(convenience store)을 해보라고 권유했다. 그러려면 5천 달러의 자본금이 있어야 하고, 사업을 위한 훈련과 강의를 영어로 4주간 들어야 했다. 또한 매주 배운 내용으로 시험을 치는데 70점 이상을 받아야 했다. 나는 난감했다. 생계를 위해서는 해야 하는데 준비된 게 아무것도 없었다. 영어도 전혀 못하고 자본금도 없었다. 거기다 아이들은 5세, 4세, 2세로 한창 손이 많이 가는 때였다.

하나님께 기도하며 남편과 함께 프랜차이즈(franchise) 담당자를 만났다. 다행히 면접에 합격하여 4주간 훈련을 받게 되었다. 훈련 장소가 집에서 멀어서 아이들을 어린이집에 맡기고 운전을 해서 가야 했다. 또 우려한 대로 영어로 진행되는 강의를 도통 알아들을 수가 없었다.

첫 주에 편의점 운영에 관한 전반과 손님을 대하는 자세와 태도 등을 배웠다. 그런데 함께 교육받던 7명의 현지인이 쉬는 시간에 자기들끼리 쑥덕대다가 내게 한마디를 툭 던졌다.

"너는 영어도 못하면서 왜 학교에 안 가고 여기에 왔니?"

맞는 말이지만 나는 은근히 화가 났다.

'두고 봐라. 내가 시험에 꼭 통과하고 말 테니. 한국인의 암기 실력을 보여주지.'

오기가 나서 쉬는 시간마다 강의 내용이 빼곡히 적힌 7명의 노트를 전부 빌려서 옮겨 적었다. 그리고 그것을 밤새 외워 첫 주에 74점을 맞아 그들을 깜짝 놀라게 했다.

집에 오면 가족들을 위해 장을 보고, 요리하고, 청소하는 등 밀린 집안일을 다 하고, 세 아이들을 돌봤다. 그리고 남는 시간을 쪼개어 필기한 노트를 달달 외워서 둘째 주에는 81점을 받았다. 함께 공부하는 훈련생들이 나를 "Super Lady(대단한 여자)"라고 칭찬하기에 이르렀다. 죽으면 죽으리라는 각오로 열심히 훈련을 받으니 셋째 주에는 90점, 최종 시험에서는 98점을 받아 1등을 했다.

나는 훈련을 받으며 자신감을 얻었다. 하나님의 인도하심이었고, 좋은 결과를 주신 것도 그분의 은혜였다. 또한 필요할 때마다 채워주시는 하나님을 체험했다. 감나무 밑에서 그저 입만 벌리고 있는 게 아니라 소쿠리와 칼을 준비해 사다리로 올라가 감을 따기 위해 노력할 때 주님께서 더 큰 은혜를 내리신다.

또한 하나님께서 복을 내리실 때 그분의 사랑을 느끼게 하신다.

사랑으로 감나무에 햇빛과 물을 주셔서 감이 열리게 하시고, 내가 딸 수 있도록 인도하셨다.

나는 7명의 동료 훈련생 중 제일 먼저 가게를 받아 기쁨으로 일을 시작했다. 훈련 기간 중에 현장 실습을 할 때 미숙한 영어 때문에 의사 전달이 잘 되지 않으면 더욱 친절하게 인사하고 미소 지으며 손님들에게 다가갔고, 화장실 청소와 선반 정리를 도맡아 했다. 그런 내 태도를 좋게 본 훈련 강사가 본사에 나를 적극 추천하여 가게를 일찍 받을 수 있었다. 자존심을 내세우지 않고 겸손하게 섬기고 사랑으로 다가갔기에 받은 복이었다.

그런데 남편의 반응이 회의적이었다. 그는 운동(태권도)을 해서 겉으로는 담대한 것 같지만 미래지향적이기보다는 현실안주형이라 변화와 도전을 두려워했다. 두려움은 늘 부정적인 것을 동반하여 걱정과 염려로 미래를 계획하거나 설계하지 못하게 한다. 그런 남편을 설득하는 게 가장 힘들었다. 나는 기도했다.

'주님이 뜻대로 행하시되 남편에게도 순종할 수 있도록 제게 지혜를 주세요. 가정을 일으킬 수 있는 물질도 주시고, 주신 자녀들을 말씀으로 잘 양육하도록 저를 이 가정의 제물로 써주옵소서.'

당시 나는 남편과 아이들을 위해서 죽음도 불사할 수 있을 것 같았다. 결국 기도의 응답으로 남편이 편의점을 하는 데 동의했다.

그래서 우리는 10년 동안 손님을 우선으로 생각하며 열심히 일했다. 하지만 세 아이를 키우며 24시간 영업을 하다 보니 어려움도 참 많았다. 나는 내내 긴장하며 사는 생활에 종지부를 찍고, 다른 사업을 하고 싶었다.

대박 가게의 비결

그때가 1994년, 한국의 투자이민자들이 캐나다로 몰려들기 시작할 때였다. 나는 다른 사업을 물색하던 중에 캘거리 시내와 가까운 곳에 식료품 가게가 나왔다는 말을 듣고 찾아갔다. 오래전에 매물로 나왔는데 팔리지 않고 있다고 했다.

물건이 가득 차 있어야 할 선반은 텅 비어 있었고, 손님들이 왔다가 원하는 물건이 없어서 그냥 나가버리기 일쑤였다. 한국에서 온 투자이민자들은 허술하기 짝이 없는 이 가게를 보고는 혀를 차며 번듯한 다른 가게를 찾는다고 했다. 그래서 오랫동안 팔리지 않았다.

하지만 나는 이 가게가 마음에 들었다. 그동안 영업 시간을 지키지 않았기에 철저히 지키기만 해도 매상이 금세 오를 것 같았다. 또 물건을 종류대로 잘 갖춰놓기만 하면 손님도 많이 늘어날 거라고 생각했다. 이런 가게를 주시기를 주님께 간절히 기도했는데 바로 내 눈앞에 나타났다.

'주님, 일용할 양식만 주신다면 열심히 하겠습니다. 주신 이 가게도 주님의 것입니다.'

나는 감사함으로 가게를 인수하기로 했다. 편의점을 그만두면 다

굶어 죽을 거라고 부정적인 말만 하던 남편이 고맙게도 가게 인수를 적극 추진했다. 인수 후에는 가게 내부를 전부 고치고, 지난 10년의 경험으로 모든 열정을 쏟아부었다.

영업 시간을 철저히 지키고, 가게에 들어오는 손님을 예수님의 마음으로 품고 친절과 사랑으로 맞이했다. 또 손님이 가게에 왔다가 물건이 없어 돌아가는 일이 없도록 물건을 종류대로 갖춰 놓고 찾기 쉽게 진열했다.

믿음으로 구원받은 기쁨과 성령충만함이 내 삶에서도 나타났다. 손님이 문을 열고 들어오면 주님의 눈빛으로 반갑게 눈을 맞추며 그의 이름을 외웠다가 부르며 인사하고, 물건을 집어올 때까지 미소를 지으며 신뢰와 감사가 보이도록 겸손히 대했다. 정확하고 빠르게 계산을 끝내고 친절한 눈빛으로 인사를 나누면 그 손님은 반드시 다시 왔다.

주님께서 우리를 사랑하는 그 긍휼하심으로 손님을 대하고, 가게는 주님의 영이 거하시는 성전과 같이 항상 깨끗하고 청결하게 유지했다. 그렇게 가게를 운영하면서 하나님의 은혜가 무엇인지 더 깊이 깨달았다.

가게는 인수하는 날부터 매상이 기적처럼 늘어나서 캘거리에서 제일 잘 되는 식료품점으로 소문이 났다. 인수할 때 하루에 600불이던 매상이 2,400불을 훌쩍 넘었다. 4배나 늘어난 거였다. 주님이 주신 지혜로 순종하며 겸손한 마음과 영혼 사랑으로 손님을 대한 게 대박 가게가 된 비결이었다.

강도에게 전한 복음

어느 날, 밤 11시가 다 되어 가게 문을 닫을 준비를 하고 있는데 한 청년이 잡지 코너 쪽에서 서성이는 게 보였다. 빨리 가라고 할 수가 없어서 나도 그쪽으로 가서 마무리를 하고 있는데 등 뒤의 느낌이 좋지 않았다. 뒤돌아보니 그 청년이 강도로 돌변해 있는 게 아닌가! 늦은 밤이라 손님도 끊어지고 여자인 나 혼자 있는데….

그는 스타킹을 머리에 쓰고 오른손에 망치를 들고 나를 위협했다. 그리고 떨리는 음성으로 계산대로 가서 돈을 달라고 했다. 나는 금전등록기 안에 있는 돈을 꺼내어 그의 손에 천천히 건네주었다. 그때 그의 손이 떨리는 게 보였다. 너무나 애잔하고 애처롭게 보였다.

'이 사람이 강도가 되고 싶어서 되었겠는가!'

신기하게도 그가 전혀 무섭지 않았다. 누군가가 뒤에서 큰 능력으로 날 지키고 있다는 느낌이 들었다. 내 안에 평안이 생기니 오히려 담대해지고 여유가 생겼다. 그래서 강도에게 돈을 주면서 말했다.

"너, 사는 게 힘들지? 왜 이런 강도짓을 하니? 이것이 마지막이 되기를 내가 기도할게. 그리고 예수님을 믿어 봐. 그분은 우리의 구원자이셔. 나도 옛날에 죄를 많이 저질렀어. 그런데 예수님은 특히 죄인을 사랑하셔. 그분이 너도 사랑하실 거야."

이런 말들이 내 입에서 막 쏟아져 나왔다. 그 강도는 돈과 담배를 자루에 챙겨서 '걸음아 나 살려라' 하고 도망갔다. 강도는 내 당당함과 여유가 무서웠던 것 같다. '별 희한한 여자를 다 봤다'라고 생각했을지도 모른다. 하지만 나는 주님이 지켜주신다는 믿음이 있어서 전혀 무섭지 않았다.

원래 강도를 당하면 두려움의 상처가 생기고, 그 후유증이 굉장히 크다고 한다. 그런데 나는 그런 게 하나도 없었다. 경찰에 신고해야 하는 게 마땅한데 그러지 않았고, 남편과 그 누구에게도 말하지 않았다. 그 이후로도 분주한 삶이었지만 내 안에는 늘 기쁨과 감사가 넘쳤다.

놀라운 선물

나는 신앙생활도 열심히 했다. 중보기도 모임을 통해 하나님 아버지의 사랑을 체험하고, 많은 사람들에게 예수님을 전했다. 복음을 전해 받은 영혼들이 구원을 받고 변화된 삶을 살아가는 걸 바라보는 것은 세상이 주는 어떤 기쁨에도 비길 수가 없었다.

나는 끊임없이 복음을 전했다. 살아 역사하시는 주님을 늘 경험하기 때문에 진리를 알리지 않을 수 없었다. 한편으로는 사람들의 오해로 거센 핍박을 받았지만, 그것도 감사히 여겼다. 또한 많은 사람들이 기도사역을 통해 내적치유를 받아 상처가 회복되고, 성령을 받아 방언이 터지는 일이 계속 일어났다.

'하나님께서 얼마나 급하시면 부족하고 못난 나를 다 쓰실까?'

오랜 세월 동안 '주님! 나를 써주시옵소서'라고 했던 기도에 주님이 응답하셨다. 가게 일에 집안일까지 하느라 몸이 열 개라도 모자랐지만 기쁨과 감사함으로 감당했다. 이 모든 것이 주님의 놀라운 사랑이었다. 늘 나와 동행하시며 부드러운 음성으로 갈 길을 인도해 주셨다.

어느 날 아침, 찬양하고 기도하며 차를 몰고 가게로 가고 있는데 주님의 온화하고 따뜻한 위로의 음성이 들렸다.

'나는 너를 사랑한다. 딸아! 순종하는 네게 좋은 선물을 내릴 것이다.'

마음에 감동으로 주신 음성이었다.

'주님! 저는 매일 선물을 받고 있어요. 영혼들이 변화되어 주님께 돌아오는 걸 보는 것만으로도 제게는 큰 선물입니다.'

늘 잠이 모자라 피곤했지만 주어진 세상 일에도 최선을 다했다. 또한 복음을 전하는 일이라면 늦은 밤이라도 주님의 사랑으로 달려갔다. 그런 나를 위로해주기 위해 선물을 주신다는 말씀에 눈물이 났다. 가게 옆에 주차를 하는데 주님이 또 말씀하셨다.

'이 땅과 건물을 선물로 주겠노라.'

한 번도 땅과 건물을 간구한 적이 없는데 선물을 주신다니 깜짝 놀랐다. 하나님께서 들려주신 음성은 반드시 이루신다는 확신이 있었지만 이 말씀은 조금 의심이 되었다. 건물 주인이 매우 부자라서 다 쓰러져 가는 건물을 팔 리도 없고, 더군다나 당시 나는 건물을 살 만한 돈이 없었다. 그러나 마음 깊은 곳에서는 주님의 음성을 확인하고 싶은 마음이 들었다.

'아버지, 주실 선물을 겸손히 받겠습니다.'

큰 아들 야곱에게도 이것을 나누고, 주님을 신뢰하며 함께 기도했다. 그리고 남편에게도 전했다. 주님의 행하심에 함께 동참하고 체험하게 하고 싶어서였다. 그러나 그는 빈정대며 말했다.

"바쁘신 하나님께서 왜 당신에게 선물을 주시겠냐고?"

나는 속으로 말했다.

'두고 보세요. 언젠가는 당신이 하나님의 역사하심에 놀라며 회개할 날이 올 거예요.'

기도의 동역자들에게도 기도를 부탁했다. 2007년 3월 29일이었다. 이 세미한 음성이 반드시 현실로 이루어져야 주신 사역을 더 담대히 잘할 수 있겠다는 생각이 들었다. 그래서 "꼭 선물해주세요"라고 부르짖으며 기도했다.

4개월이 흘러 큰아들이 결혼하게 되어 무척 분주하게 지냈다. 8월 5일이 결혼식이었는데, 전날인 8월 4일에 건물주에게서 연락이 왔다. 자신의 건물 부지에 콘도를 짓겠다며 사려는 사람이 있어서 팔려고 하는데 세입자에게 우선권이 있으니 살 의향이 있냐고 물었다. 순간,

지난 3월에 들려주신 주님의 음성이 생각났다.

'잠시 나는 잊고 있었는데 주님은 일하고 계셨구나'라고 생각하니 감동이 밀려왔다. 일단 "오케이"를 연발하며 결혼식을 마치고 다시 연락하기로 했다. 그리고 그다음 날에 건물주에게 전화를 했다. 당시 캘거리의 부동산 경기가 과열되어 건물 값도 두 배나 올라 있었다. 다른 사람이 건물을 매입하게 되면 세 명의 세입자가 모두 나가야 하는 상황이어서 반드시 사야 했다. 아니, 주님을 신뢰하기에 꼭 이루어지기를 소망했다.

그런데 그 얼마 전에 집을 짓기 위해 땅을 매입해서 수중에 돈이 한 푼도 없었다. 우선 계약금을 조금 걸고 급히 계약을 하고, 집중적으로 기도하며 중보기도를 부탁했다.

'주님! 저는 이 건물이 전혀 욕심나지 않습니다. 그러나 선물로 주신다는 음성이 주의 능력으로 온전히 이루어지기를 소망합니다. 꼭 이 일을 이루셔서 제가 하는 사역이 주님의 음성을 듣고 하는 것임을 나타내게 하소서.'

나는 간절히 기도하고 부르짖었다. 계약하고 한 달간 건물 감정에 들어갔다. 감정가가 매입가보다 낮게 나오면 은행 대출이 힘들어 엄청난 현금이 필요했다. 주님께서 음성을 주셔도, 그분이 일하셔도, 연약하기만 한 우리는 불안했다. 건물에서 쫓겨나지 않으려면 반드시 매입해야 되는데 돈이 없으니 기도할 수밖에 없었다. 특히 남편은 극도의 스트레스로 더 예민해져갔다.

그런데 기적이 일어났다. 돈에 대해 말한 적도 없는데 지인들이 소문을 듣고 신뢰와 사랑으로 돈을 빌려준다고 했다. 남에게 돈을 빌리기는 그때가 처음이었다. 특히 이민사회에서는 돈을 빌리기가 쉽지 않았고, 빌려줄 만한 사람도 주위에 없었다. 주님께서 사람들을 통해 선한 뜻을 이루어 가시는 걸 경험했다. 혹여 우리가 돈이 있었다면 '내 돈으로 뭔들 못하랴' 하고 교만했을 수도 있지만, 그것을 막아주시기 위해 무일푼일 때 주의 사랑과 능력으로 선물을 주심을 증명하셨다.

내 양을 위해 쓰일 것이다

사흘 만에 25만 불을 빌려서 은행에 입금하고, 건물 감정을 기다리는 동안 기도하고 또 기도했다. 세미한 음성을 한 번 더 확인받고 싶었다. 주님께서 음성도 들려주시고, 그림으로도 보여주셨다.

건물 앞쪽에서 남편이 땅을 파고 있었고, 나는 기둥 옆에 서서 불안하고 두려운 마음으로 바라보았다. 한참 땅을 파니 옥토가 나오면서 큰 구덩이가 만들어졌다. 주님이 그 안에서 A4 용지 한 장을 꺼내서 내게 주셨다. 거기에는 '이 건물과 땅은 박윤희에게 주는 선물'이라고 적혀 있었다. 내게 큰 위로가 되었다. 그래서 주위의 기도 동역자들에게 중보기도를 요청하며 적당한 감정가가 나오기를 간절히 기도했다.

2주 후에 주님이 또 그림을 보여주셨다. 크고 둥근 판 위에 엄청난 돈다발이 얹혀져 빙빙 돌고 있는데 '이것이 다 네 것이다'라고 하셨다. 나는 '아닙니다, 주님 한 분만으로도 저는 기쁘고 만족합니다'라고 했다. 주님은 손을 들어 한곳을 가리키며 보라고 하셨다. 거기에는 금으로 된 빌딩이 있었다.

'저 빌딩이 네게 줄 선물이다.'

이후부터 나는 이 일을 이루실 분이 하나님이심을 확신하며 더 이상 불안해하지 않았다. 그런데 궁금한 게 한 가지 있었다.

'주님, 이 선물을 제게 주시는 이유가 무엇인가요?'

주께서 말씀하셨다.

'앞으로 너는 잃어버린 영혼을 찾기 위해 세계 열방으로 다닐 것이다. 그때 이 선물이 내 양을 위해 쓰일 것이다!'

건물 감정가가 나오기 하루 전에 하나님께서 또 꿈으로 보여주셨다. 감정사가 문서를 보여주는데, A4 용지의 중간쯤에 '$846,000'(84만 6,000달러)라고 적혀 있었다.

아침에 일어나자마자 큰아들에게 꿈에 대해 말했다. 하나님께서 근사치의 감정가를 보여주셨으니 오전에 감정사에게 전화로 금액을 먼저 물어보고 서류를 받아오라고 했다.

나는 주님의 세미한 음성을 듣고 확신하며 기도한 일이 이루어지는 게 정말 감사했다. 그래서 일과 기도사역을 중단하고 감정 서류를 보기 위해 서둘러 집으로 향했다.

집에는 한국에서 온 시누이와 큰며느리인 종선이와 아들이 점심 식사를 하고 있었다. 무일푼으로 건물을 사는 기적 같은 일이 어떻게 일어났는지 시누이도 놀라워했다. 그런데 점심을 먹으며 감정 서류를 들여다보던 아들이 말했다.

"어머니, 꿈에서 본 그 금액을 다시 한 번 말해 보실래요?"

"응, 하나님께서 84만 6천 달러를 보여주셨어."

아들이 놀라움이 가득한 얼굴로 눈물을 글썽이며 말했다.

"어머니, 저는 지금 이 순간 완전하신 하나님을 만나고 있어요. 한 번 더 그 금액을 크게 말해주세요."

아들이 서류를 손으로 가린 채 내게 말했다. 나는 캐나다에서 태어난 아들이 한국말을 못 알아들은 줄 알고 영어로 "에잇 헌드레드 포티 식스 따우전 달러"라고 또박또박 말했다. 그러자 아들이 서류에서 손을 뗐고, 거기에 정확하게 "$846,000"라고 적혀 있는 게 아닌가! 꿈에서 보여주신 숫자 그대로였다. 정말 신기하고 놀라웠다.

아들의 말대로 "완전하신 하나님을 만났다"라는 표현밖에 할 수가 없었다(야곱은 이 일로 인해 하나님이 살아 계심을 경험하고, 지금은 제자의 삶을 잘 살고 있다).

꿈에 보여주신 84만 6천 달러는 건물을 다 부수고 다시 지을 때의 금액이었다. 여기서 나무 한 토막, 페인트 한 통, 전구 한 구만 빠져도 이 금액이 나오지 않는다. 정확하고 세밀하신 하나님께서 정부에서 인정한 금액을 보여주신 것이었다. 변동이 있을 수 있는 감정가 대신에 변하지 않는 원가를 보여주셨다. 그저 이루어주실 수도 있는데 체험으로 더 많은 영혼들에게 하나님을 알리시기 위해 사랑으로 배려한 선물이라 더 감사했다.

이후 우리가 재정 훈련을 받는 중에 하나님께서 많은 재산을 거둬가셨지만 이 건물만은 남겨두셨다. 남편과 나는 지금 여기에서 나오는 재정으로 전 세계로 순회선교를 다니고 있다. 하나님의 말씀대로 잃어버린 양을 찾아 주님께 올려드리는 데 큰 도구가 된 것이다. 놀라우신 하나님의 은혜의 선물에 어찌 감사하지 않을 수 있을까!

확실한 음성

중학교에 들어간 막내 존이 어느 날, 심한 감기로 병원에 입원까지 하게 됐다. 그런데 의사가 뜻밖의 말을 했다. 아이의 작은창자가 제대로 움직이질 않아 수술해야 한다고 했다. 그러나 수술한 이후에도 병원에서는 병명을 밝혀내지 못했다. 당시 열네 살이었던 존은 두 달 동안 병원에 있으며 삶과 죽음을 넘나들었다. 나는 날마다 아이를 살려달라고 주님께 기도했다.

어느 날, 눈물로 기도하는데 존이 곧 나을 거라는 확신이 강하게 들었다. 나는 주님께서 주신 음성으로 받았다. 그 후로 존은 갖은 고통을 겪다가 신기하게도 두 달 만에 씻은 듯이 나았다. 그러나 병원에 있는 동안 존에게 '하나님이 왜 내게 이런 병을 주셨는가' 하는 분노의 마음이 생겼다.

그런 마음을 안고 있다가 퇴원하여 집으로 돌아온 존은 사춘기와 겹치며 비뚤어지기 시작했다. 거기다 낙태하려고 했던 부모에게서 받은 거절감의 상처가 사람들과 관계를 맺으면서 더 거칠게 표출됐다. 사람들이 자신을 무시한다는 분노와 울분이 수시로 터져 나왔고, 모든 면에서 늘 자신 없어 했다. 심지어 가족들과도 관계를 단절하기에 이르렀다. 두 형이 아무리 사랑으로 격려해도 그는 제대로 듣지 않았다.

존은 연약함이 드러나면 자신의 정체성이 없어진다고 여겼다. 그래서 그걸 감추기 위해 강하게 보이려고 애썼다. 마리화나를 피우기도 하고, 왜소한 체형을 가리기 위해 덩치가 큰 흑인 친구들과 어울려 다녔다. 한번은 악기점에서 기타를 훔쳐오라는 그들의 말을 듣고 훔치다가 붙잡힌 적도 있었다. 하지만 그들은 존을 헌신짝처럼 버렸고, 존은 큰 배신감을 느꼈다. 상처 위에 상처가 더해지면서 존은 깊은 우울에 빠졌다. 그런 아들을 위해 나는 아무것도 할 수 없었다. 그저 주님 앞에서 엎드려 울며 기도할 수밖에 없었다.

스무 살이 되자 아이는 수중에 돈만 있으면 습관처럼 도박을 하러 카지노에 갔다. 또 아무리 맛있는 음식을 해줘도 먹지 않고, 좋은 옷을 사줘도 입지 않았다. 그런 존을 남편은 매로 다스렸고, 둘의 관계는 더 멀어졌다.

어느 날, 존은 3년 반 동안의 대학생활이 시간 낭비였다며 자퇴를 했다. 그러고는 아무 준비도 없이 집을 나갔다. 가출한 존은 랩에 빠져들기 시작했다. 한번은 아이가 쓴 가사를 보고 깜짝 놀랐다. 외롭고 힘들었던 자신을 대변한 가사였는데 반 이상은 세상이 자신을 버렸다는 분노와 울분으로 가득했고, 나머지는 저주가 담긴 욕설이었다. 나는 엎드려 눈물로 부르짖었다.

"하나님 아버지, 존을 돌려주세요!"

아이의 방황은 끝날 줄 몰랐지만 나는 믿음 안에서 더욱 성숙해져 갔다. 하나님께서는 그분과 동행하는 삶으로 나를 불러주셨고, 복음 전도와 기도로 영혼을 치유하는 사역에 써주셨다. 존이 방황하면 할수록 난 주님께 더 가까이 갔다.

그러던 어느 날, 경찰서에서 연락이 왔다. 존의 차에서 권총이 나왔다고 했다. 존이 남편의 낡은 차를 타고 다녔는데 그날도 친구들이 원하는 곳에 태워다주던 길이었다. 그런데 두 명의 흑인 청년들을 태우고 가다 신호 위반으로 경찰에 잡혔다.

흑인 청년들이 사태의 심각성을 깨닫고 소지했던 권총을 운전석 밑에 슬쩍 숨겨놓았던 것이다. 존은 불법 총기 소지 혐의로 현장에서 붙잡혔고, 그들은 서로 짜고 그 총이 존의 것이라고 거짓으로 진술했다. 결국 오랜 법정 다툼 끝에 결백하다는 판결을 받았지만 아이는 마음의 문을 철저히 닫아버렸다.

그러던 중 존이 스물두 살 때 작은창자가 움직이지 않는 병이 재발

했다. 당시 나는 식료품 가게를 운영하고 있었다. 내가 힘들지라도 남편과 자식들을 더 나은 환경에서 살게 하고 싶은 마음에 정말 개미같이 열심히 일했다. 새벽에 일어나 가게 문을 열고 밤 11시에 일을 마치면, 병원에서 밤을 새며 존을 돌봤다.

바쁘고 힘든 생활로 인해 피곤했지만 그럴수록 하나님께 더 기도하며 매달렸다. 아무것도 먹지 못하고 죽음의 고통을 넘나들던 존은 하나님을 저주하기도 하고, 자신이 저지른 죄가 생각나면 벌을 받고 있다고 자책하기도 했다. 그런 아들을 바라보며 차라리 내가 죽기를 바라기도 했다.

병원생활이 길어지자 존은 더 예민해졌고, 나는 아들을 잃게 될까봐 두려웠다. 내가 할 수 있는 건 기도밖에 없었기에 주님의 능력만을 구했다.

제대로 된 치료를 못 받고 하염없이 기다리던 어느 날, 병원 의자에 앉아 눈물로 기도하던 중에 하나님께서 존을 낫게 해주실 거라는 확신을 갖게 되었다. 나는 이것이 처음 병이 나았던 8년 전과 같은 주님의 음성임을 확신했다. 그래서 무조건 아이가 다 나았다고 감사기도로 선포했다. 그러자 기적이 일어났다. 내 마음 안에 감동으로 음성이 분명히 들렸다.

'존은 다 나았다. 그 아이는 너를 사역자로 세우는 큰 통로가 될 것이다.'

기쁨과 감사의 눈물이 흐르면서 내 마음에 평안이 가득 차올랐다.

그리고 존은 입원한 지 두 달 만에 병원에서 어떤 치료나 약 처방도 없이 완치되었다. 지금까지도 그 병의 원인이 무엇인지, 어떻게 나았는지 모른다. 오직 주님이 놀라우신 능력으로 낫게 해주신 거라고 믿고 있다.

존은 태어날 때부터 말할 수 없이 긴 고난의 시간을 겪었다. 나는 그럴수록 하나님을 더 간절히 찾았다. 내가 주님을 인격적으로 만나고, 성령님의 강력한 임재로 은사사역을 하게 되기까지 주님이 들려주신 말씀대로 이 아들이 큰 통로가 되었다.

CHAPTER 02

채워주시다

채워지지 않는 갈급함

1985년에 구원의 기쁨을 경험한 이후 내 삶은 이전보다 더 풍성해졌다. 교회에서도 신임을 받으며 각 기관에서 충실히 섬겼고, 모든 일에 순종과 사랑으로 봉사했다. 하나님께서는 물질의 복도 크게 주셨다. 큰 사업체를 여러 개 운영하게 되었고, 손을 대는 것마다 번창했다. 그런데 내 마음에는 뭔가 채워지지 않는 갈급함으로 기쁨이 전혀 없었다.

'이것이 믿음생활의 전부는 아닐 텐데, 도무지 채워지지 않는 허망함은 무엇일까?'

열심히 봉사해도 잠시 기쁠 뿐 마음이 답답하고 위축되며 내 영혼은 날로 더 갈급했다. 아이들도 잘 자라서 첫째 야곱은 중학교 졸업식 때 7개의 상 중 3개를 휩쓸었다. 둘째 제이슨과 막내 존도 그때까지는 착하고 겸손한 아들로 건강하게 잘 자라고 있었다. 그러나 자녀들이 공부를 잘하고 착하게 자라도, 사업이 번창하여 물질이 풍성해도 내 영혼은 여전히 목말랐다.

이것은 세상에서 채워질 수 없는 영적인 것이었다. 살아 계신 하나님을 만나고 싶은 마음이 불같이 일어났다. 안아보고, 음성을 듣고, 눈으로 볼 수 있는, 실재하는 그분을 애타게 만나고 싶었다. 가까이 계신 주님을 보고 싶어서 나는 부르짖었다.

"주님, 제 심장을 주님으로 가득 채워주세요."

그러나 마음 한편으로는 하나님께서 멀리 계신 것만 같았다. 두 마음이 전쟁을 했다. 그러나 간절히 사모하는 마음으로 날마다 부르짖어 기도했다.

"아버지, 세상 무엇보다도 사랑해요. 제 마음 속에서 주님을 원합니다. 지식이나 이론이나 논리가 아닌 제 영으로 실제로 살아 계신 하나님을 만나보고 싶어요."

어느 날, 예배를 드리고 있는데 뇌리에 환상이 스쳐 지나갔다. 내가 타원형 강단 위에 서 있는 모습이었다(그때는 왜 이런 그림을 보여주셨는지 몰랐는데 20년이 지나 알게 되었다).

종교생활 같은 교회생활에 회의를 느끼고 갈급함을 채우기 위해 성경 말씀을 파고들기 시작했다. 주님과 인격적으로 만나기를 사모하며 계속 기도했다.

"살아 계신 아버지를 꼭 만나보고 싶어요."

그것이 1999년 가을이었다. 교회 안에 중보기도팀이 형성되어 중보기도 모임에 다니게 되었다. 모임을 인도하는 전도사님은 영적으로 열린 설교를 하셨다. 개인적으로 바쁘기도 하고, 아이들을 키우면서 시간을 내기가 힘들었지만 화요일마다 기쁨으로 다녔다.

어느 날, 중보기도 모임에서 예배를 드리고 있는데 전도사님이 두 사람 앞에 가서 기도를 해주는 모습을 보게 되었다. 그런데 그들이 눈물을 흘리면서 한국말이 아닌 다른 언어로 기도하며 통곡했다. 나는 속으로 무척 놀랐다. 예배를 마치고 전도사님에게 물어보니 그들에게 성령님이 임재하셔서 방언의 은사를 받은 거라고 했다. 방언의 은사는 그때까지 내게 생소한 단어였다.

나는 교회에서 "가짜 방언이 많으니 미혹되지 말라"고만 배웠다. 방언이 무엇인지 전혀 배운 적이 없었고, 받지 말라는 말을 듣고 받으면 안 되는 것으로만 알고 있었다. 난 의아했다.

'그런데 저들은 회개의 눈물을 흘리며 방언의 은사를 받고 기뻐하며 감사하고 있지 않은가?'

세례를 받을 때 성령이 임재하신다는 신학적인 개념으로 성령세례를 배워서 알고 있었는데, 이들이 회개하며 인격적으로 하나님을 만나는 광경은 무엇인지 너무나 궁금했다.

전도사님은 예배 중에 '두 집사에게 다가가 기도하라'라는 하나님의 음성을 듣고 기도했더니 그들이 방언의 은사를 받게 되었다고 말했다. 더욱 놀라운 일이었다. 내가 전도사님에게 물었다.

"살아 계신 하나님을 만나고 싶어서 15년 동안이나 애타게 기도하는 제게는 왜 은혜를 주시지 않고 비켜 가셨을까요?"

전도사님은 하나님의 때가 있으니 기도로 더 간절히 사모하라고 했다. 그때부터 나도 그런 영적 체험을 하게 해달라고 기도로 간절히 매달리기 시작했다.

내 도구로 쓸 것이다

2004년에는 하는 사업마다 번창해서 더 바빠졌지만 기도 모임에는 절대 빠지지 않았다. 어느 날, 중보기도팀이 가까운 교외에서 모임을 하게 되었다. 감사예배를 드리고 한 사람씩 돌아가며 기도해주는 시간이 있었다. 내 옆에 앉아 있던 한 자매가 갑자기 손을 들고 간증했다.

"저는 이 자리에 방언을 받고 싶어서 처음 나왔는데, 기도하는 중에 하나님께서 방언을 선물로 주셔서 감사합니다."

나는 큰 충격을 받았다.

'내 바로 옆에서, 그것도 처음 나온 자매가 방언을 받다니….'

예배가 끝나고 전도사님이 평소에 방언을 받기 위해 기도로 준비한 사람이 있으면 가운데로 나오라고 했다. 나는 좀 망설이다가 주님 앞에 서는 마음으로 나갔다. 두 명의 자매들과 함께 방언을 구했다. 모두가 우리를 위해 중보기도를 해주었다.

하지만 나는 의심과 온갖 잡념이 들어서 간절히 기도할 수가 없었다. 그런데 갑자기 내 혀가 말려 들어가면서 입에서 이상한 소리가 났다. 곧 마음과 생각이 일치되는 느낌이 들면서 내가 방언으로 기도하고 있다는 걸 깨닫자 그 감동이 이루 말할 수 없었다. 내 마음 깊숙한 곳에 성령님이 오셔서 방언을 선물로 주셨고, 살아 계신 하나님을 인격적으로 만나게 되었다.

나는 방언이 혹시 사라질까 봐 빨리 집으로 돌아왔다. 방언을 혼자서 마음껏 하고 싶어서 이불을 덮어 쓰고 기도했다. 내 모습을 보면 바윗돌 같은 남편이 미쳤다고 비웃을 것 같아서였다. 이불 속에 꿇어앉아 기도하는데 방언이 나오면서 음성이 들렸다.

'사랑하는 내 딸 윤희야, 나는 너를 너무나 사랑한단다.'

마음에 감동으로 들린 이 음성으로 인해 내 육신도 말씀으로 채워지는 것 같았다. 하나님께서 나를 지극히 사랑하셔서 십자가에 독생자 예수님을 내어놓기까지 하셨다는 거였다. 얼마나 큰 위로와 격려가 되는지 눈물과 콧물 범벅이 되어 계속 방언으로 기도했다. 두 번째 음성이 또 들렸다.

'나는 너를 너무나 사랑한단다.'

똑같은 음성이었지만 더 큰 감동이 왔다. 이 세상을 창조하시고, 나를 지으신 하나님께서 나를 사랑하신다는 음성 앞에 나는 무너졌다. 나는 덮고 있던 이불을 걷어버렸다. 주님이 내 상처를 어루만지시며 놀라운 사랑으로 치유하시는 느낌이 들었다.

힘든 이민생활 중에 서양 사람들에게서 받았던 차별과 이질감과 언어의 장벽, 세 아들을 키우며 힘들었던 일, 막내 존이 먹지 않아서 겪었던 아픔과 죄책감, 남편의 고집으로 눌린 마음과 울분, 배신당하고 억울했던 상처들을 주님이 다 거둬가시는 걸 느끼며 통곡했다.

그러자 내 안에 춤을 추고 싶을 정도의 기쁨이 차고 넘쳐흘렀다. 이어 부드러운 주님의 세 번째 음성이 들렸다.

'너를 내 도구로 쓸 것이다.'

나는 즉시 '하나님, 저를 주님의 도구로 써주옵소서'라고 화답했다. 그 이후부터 나는 물질이나 세상의 영광을 위해 기도하지 않고, 주님이 이끄시는 대로 순종하며 그분의 도구가 되기를 간절히 기도했다.

살아 계신 하나님을 인격적으로 만나기 이전과 이후의 내 삶은 완전히 달라졌다. 성령의 임재하심으로 은혜를 체험하게 되니 내 안의 갈급함이 해결되었다. 그 원인은 바로 하나님의 사랑을 체험하지 못했기 때문이었다. 모든 인간은 하나님의 사랑으로 채워져야만 하는 영적 존재임을 알게 되었다. 그리고 내가 하나님의 사랑으로 창조된 최고 가치의 존귀한 존재이며, 내 영의 주인 되시는 성령께서 직접 나를 통치하셔서 영적으로 회복되어야 함도 알게 되었다.

수련회에 임하신 성령님

성령님의 강력한 임재로 방언의 은사를 받고 하나님의 음성이 들리면서 내 삶의 우선순위가 달라졌다. 예수님을 전하고 싶은 마음이 불같이 일어나서 이전보다 더 적극적으로 믿지 않는 자들에게 복음을 전했다.

그동안 자녀를 우선순위로 여겨왔고, 물질이 있어야 미래가 보장된다는 생각을 했다. 이 생각을 조금씩 내려놓고, 내 생각이 영의 생각으로 변화되기를 기도했다. 기도 안에서 주님의 음성을 먼저 듣고 그분의 뜻이 무엇인지 알기 원했다.

그러던 2006년 어느 날, 기도 중에 하나님께서 이런 마음을 주셨다.

'중보기도팀 수련회를 열어 많은 사람들이 모일 수 있도록 하라.'

나는 리더인 전도사님에게 전했다. 그는 하나님께서 주신 마음에 반응하는 내 변화에 대해 신뢰와 존중을 아끼지 않았다. 우리는 은혜를 사모하는 교인들을 초청했다. 이민 사회에서는 모임을 갖기란 참 힘들다. 먹고사는 일로 늘 바쁜 탓에 자녀들과도 많은 시간을 갖지 못하기 때문이다. 그럼에도 처음 있는 수련회에 되도록이면 많은 교인들이 참석하여 은혜 받을 수 있길 기도했다.

그런데 수련회를 갖기 직전에 내게 신기한 일이 일어났다. 나는 여느 때처럼 가게에서 일하고 있었다. 그날은 하나님께서 많은 말씀을 주셔서 계속 적었다.

'수련회에 참석하는 자들이 나를 만날 것이며, 모두에게 성령의 임재가 있을 것이다.'

또한 하나님의 능력으로 많은 사람들을 일으키겠다고 하셨다. 나는 한 말씀도 놓치지 않고 다 적었다. 한 치의 의심 없이 주님의 음성이라고 믿었다. 이것은 엄청난 변화였다. 보이는 것에만 관심이 있던 내가 성령충만한 삶이 이어지면서 보이지 않는 주님의 음성에 무조건 순종하게 된 것이다. 잡다한 생각이 많던 내가 종일 주님을 생각하며 '어떻게 하면 복음을 전할 수 있을까, 누구에게 전할까'에 골몰했다. 또 불안과 염려로 감사가 없었는데, 모든 것에 감사의 고백을 하게 됐다. 살아서 호흡할 수 있음과 일용할 양식을 주심과 자녀와 건강과 사업체를 주심에도 감사했다.

수련회 장소를 알아보는데 한겨울이라 마땅한 곳을 찾기가 쉽지 않았다. 그러던 중 신실하고 사랑이 많은 기도의 동역자인 방순신, 성기온 집사님이 자신들의 집 지하실을 제공하겠다고 연락이 왔다. 비록 개인 집이지만 감사한 마음으로 2006년 1월 21일에 수련회를 갖기로 결정하고 기도로 준비했다.

수련회 당일에 무려 39명이나 참석했다. 우리는 2박 3일의 수련회 기간에 작정을 하고 기도로 무장했다. 하나님께서 각 사람에게 얼마나 많은 은혜를 쏟아 부어주셨는지 모른다. 특히 마지막 날, 찬양 시간에 성령의 기름부으심이 크게 임했다. 모든 사람들이 성령님의 임재를 느낄 정도로 찬양의 열기가 뜨거웠다.

그때 하나님께서 내게 강권적으로 어떤 그림을 보여주셨다. 눈을 떠도, 감아도 선명하게 보였다. 내 영에 비춰지는 거였다. 그러나 명확히 보여주심에도 믿지 못했고, 누구에게도 말하지 못했다. 순간, 하나님께서 그것을 선포하라는 마음을 주셨다. 하지만 나는 아무도 믿지 않을 거라는 생각에 조용히 입을 다물고 있었다. 다만 전도사님에게는 노트에 적어서 알려주었다(그는 의심하지 않을 것이고, 또 그에게 격려가 될 것 같았기 때문이다).

'전도사님, 힘내세요. 우리가 하나님께 찬양하는 중에 예수님이 함께하셨습니다. 예수님은 여기에 모인 39명의 찬양하는 입술마다 인쳐주시며 우리가 드리는 찬양을 기쁘게 받으신다고 하셨어요. 그때 눈이 부실 정도로 빛나는 둥근 원형이 보였고, 잠시 후에 그 형체가 드러났는데 흰옷을 입은 천사들이었어요. 그들은 나팔을 불며 우리가 찬양할 때 함께 도왔다고 합니다. 예수님이 천사들의 앞쪽에 서서 바닥에 닿을 정도의 긴 금나팔을 부시며 우리와 찬양을 함께하심을 보여주시고 들려주셨어요.'

전도사님은 노트를 받아 들고는 적힌 그대로 성령님의 임재하심을 회중들에게 선포했다(이전에 나였다면 틀림없이 신비주의라며 의심했을 것이다. 영으로 초자연적인 체험이 없는 사람은 절대 믿을 수 없을 것인데 다행히 전도사님은 내가 본 것을 신뢰해주었다). 39명의 회중들이 이를 듣고 주님의 임재하심에 감사하고 기뻐하며 모두 일어나 두 손을 들고 찬양을 올렸다.

우리는 성령 안에서 한마음이 되었다. 어떤 사람은 일어나 성령의 임재하심에 위로를 받고 흐느껴 울었고, 어떤 사람은 누워서 눈물을 흘리며 통곡하기도 했다.

설교 시간에 주님이 또 음성을 들려주셨다.

'네 자리에서 대각선으로 앉아 있는 딸에게 가서 기도하라.'

이 음성을 듣고 나는 혼란스러웠다.

'내 생각일까, 아니면 정말 주님의 음성일까?'

설교가 끝나는 대로 빨리 확인하고 싶었다. 그때 마침 전도사님이 기도해주고 싶은 사람이 있으면 가서 기도해주라고 했다. 나는 바로 그 자매에게 가서 기도했다. 순간, 신기한 일이 일어났다. 자매의 손을 잡고 기도하는데 그녀가 방언의 은사를 받고는 회개의 눈물을 흘리며 은혜를 받는 게 아닌가!

이 장면을 목격하고 함께 기도하던 한 형제도 방언을 받고 하나님을 인격적으로 만났다. 전도사님은 왼쪽 방에서 기도하고 나는 오른쪽 방에서 기도한 결과, 그날 모인 모든 사람들이 강력한 성령의 임재 안에 들어가게 되었다. 우리는 이 수련회를 통해 주님의 음성에 무조건 순종하기로 다짐했다. 또한 성경 말씀을 지식과 귀로만 듣고 삶에 적용하지 않던 삶에서 말씀으로 나를 조명 받고 성찰하여 변화된 믿음의 삶을 사모하게 되었다.

주신 은사를 사용하다

사실 내게 은사가 임한 줄을 나도 잘 몰랐다. 은사에 대해 전혀 지식도 없었고, 어떤 것인지도 몰라서 간절히 사모하여 구한 적이 없었다. 하나님께서는 내가 이 은사를 사용하기까지 오랜 세월 동안 외로운 광야에서 혹독한 고난으로 훈련을 시키셨다. 그 세월이 10년이 훨씬 넘었다. 그동안 나는 주신 은사를 사용하는 것도 중요하지만, 주님의 성품으로 날마다 열매 맺는 믿음의 삶을 사는 게 더 중요하다는 걸 알게 되었다. 그 열매로 주님을 드러내는 충성된 제자가 되어야 함을 훈련을 통해 배우고 있었다.

사역을 통해 사람들을 위해 기도하면 그들의 입에서 방언이 터지면서 회개기도를 했다. 또 기도로 위로받고 내면의 상처가 치유되었다. 나는 사랑의 마음으로 기도했을 뿐인데 성령께서 임하셔서 직접 일하시는 걸 체험했다.

처음 내게 은사가 임한 걸 알게 된 건 뉴욕에 사는 생면부지의 한 자매가 기도를 부탁했을 때였다. '왜 내게 기도를 부탁할까' 하는 의문이 생겼지만 그녀를 위해 기도했다. 그러자 그림 같은 것이 마음의 감동으로 보이며 하나님의 음성이 함께하는 신기한 현상이 나타났다. 나는 마음으로 순종하며 그것을 그대로 받았다.

기도할 때 사각 방에 갇힌 한 자매가 엎드려 눈물을 흘리면서 그곳에서 나오고 싶지만 나올 길을 몰라 헤매고 있다는 느낌이 들었다. 당시 자매는 우울증으로 정상적인 생활이 어려운 상태였다. 그녀는 남편과 오랫동안 갈등이 있었고, 신앙의 문제로 심한 스트레스를 받고 있었다고 했다. 그리고 아무에게도 말하지 않았던 자신의 상태를 하나님께서 알고 계심에 위로를 받았다고 말했다. 나는 자매의 우울증이 낫도록 계속 주님께 기도했다. 사랑으로 기도하니 음성이 들리면서 또 다른 그림을 보여주셨다.

주님의 큰 손이 그 방에서 자매를 꺼내주셨다. 그리고 회복된 자매를 인도하시고 그녀와 동행하신다는 음성도 들려주셨다. 또 자매가 앞으로 복음의 큰 통로가 될 거라고도 하셨다. 말씀으로 많은 영혼들을 가르치고, 과거의 아픈 경험이 치유된 후에는 그들을 격려하고 위로하게 될 거라는 예언의 말씀을 주셨다. 현재 자매는 완전히 회복되어 주님의 음성 그대로 살고 있다.

그 후에 세상 사람들의 생각과 지식으로는 정말 믿을 수 없는 일이 내게 일어났다. 예배 때 예수님이 은혜를 내리실 형제나 자매의 머리 위에 포도주를 부으시는 모습이 보였다. 색깔과 움직이는 행동과 마음과 감정까지도 상세히 말로 표현할 수 있었다. 진리의 영이신 하나님께서 내 속사람(영)에게 그것을 보여주셨다.

또 부드러운 음성으로 '저들에게 오늘 은혜를 내리겠다'라고 들려주셨다. 나는 그때 보여주시는 것들에 대해 한 치의 의심도 없이 온전히 순종했다. 그들을 만나 먼저 복음을 전한 후에 기도하자 방언이 터지고 성령 체험을 하게 되었다.

처음에는 '내게 왜 이런 은사를 주셨을까' 하며 의아했다. 그런데 전능하신 하나님께서 그 뜻을 행하시기 위해 사람에게 나타내기를 원하신다는 걸 깨닫게 되었다. 하지만 우리는 무지하고 우매하여 하나님의 마음을 알지 못한다. 그래서 나도 의심할 때가 많았다. 하나님을 내 생각대로 믿고, 그분의 능력을 내가 생각하는 만큼만 인정하기 때문이었다.

영의 세계는 경험하지 않으면 알 수가 없다. 하나님은 진리의 영이시기 때문에 영이 깨어나야 살아 계신 아버지를 알 수 있다. 아버지를 만난 흔적도 없는데 어떻게 예수님을 증거하고(복음 전도), 증인의 삶(제자의 삶)을 살 수 있으며, 성화되어 열매(주님의 성품)를 맺을 수 있겠는가!

기독교는 지식으로 아는 것에 그치는 종교가 아니다. 물론 신비한 것만을 추구하는 신비주의는 대단히 위험하다. 그러나 하나님은 이성을 초월하여 우리와 만나실 수 있는 분이다. 하나님은 말씀으로 이 세상과 우리를 창조하셨기에 인간의 유한한 생각으로는 그분의 운행하심을 알 수도, 볼 수도 없다. 또한 사람이 만든 어떤 언어로도 그분을 정확하게 표현할 수가 없다. 다만 그분의 초자연적인 운행하심은 말씀으로 깨우친 영으로만 알 수 있다.

고난 가운데 다듬어지다

중보기도 모임에서 일어난 성령의 놀라운 역사하심은 좁은 교민 사회에서 갑자기 큰 화제가 되었다. 함께 현장에 있지 못해서 체험하지 못한 사람들에게는 사실이 왜곡되어 전달되니 의심이 커져갔다. 전해진 말들에 각자의 상상과 추측이 보태져 일파만파로 이상한 소문이 퍼졌다. 특히 은사에 대해 잘못 알고 있는 사람들이 내가 귀신이 들어 귀신을 쫓아낸다고 했다. 그래서 내가 무당이라는 소문까지

났다. 그러자 아무도 내게 가까이 오려고 하지 않았다.

2천 년 전, 예수님의 사역도 바리새인들의 의심을 받았다. 주님께서 눈 멀고 말 못하는 자를 치유하셨을 때도 귀신의 왕인 바알세불의 힘을 입어 쫓아냈다고 모함하며, 자기들의 생각으로 합리화하고 규정지었다(마 12:22-31 참조). 그들은 사회 부유층이며 지식인이며 지도층에 속하는 율법에 능통한 자들이었다. 그러나 예수님은 마태복음 12장 28절의 말씀에서 하나님의 성령을 힘입어 귀신을 쫓아낸다고 하셨다.

나는 수많은 오해로 배척과 핍박을 받았다(많이 아팠고, 억울했지만 수년이 지난 지금 생각해보면 그것을 통해 연약하고 부족한 내가 깎이고 다듬어졌다. 귀한 훈련을 시켜주신 주님께 오히려 감사한다). 당시 기도 모임에는 기껏해야 10명 정도 모였는데 내가 참석하면 교회를 위협하는 큰 모임으로 부풀려졌다. 그럼에도 불구하고 화요일마다 모여 찬양과 기도의 제단을 쌓았다.

과거에 잘못 살아온 일들을 회개하는 사람들이 많이 생겨났다. 또 서로 오해하여 원수로 생각했던 것에 대해 먼저 용서를 구하는 일들이 일어났으며, 진리 안에서 자유하며 사랑으로 서로 섬겼다. 기도 모임 가운데 주님의 은혜가 충만히 흘렀다. 그들의 암울하고 어려운 삶은 그대로였지만 주님을 인격적으로 만난 후 삶이 변화되어 기쁨과 감사가 생수같이 흐르는 것을 간증했다.

함께 은혜를 나누며 자신들이 만난 주님을 증거하고, 복음을 전하겠다고 다짐하는 영혼들이 많이 생겼다. 기쁨과 감사로 우리의 영혼을 진리로 채우며 간절히 기도했다. 그러면서 언젠가는 오해가 풀리고, 우리가 맺는 성령의 열매들이 나타나서 주님의 성품으로 보여지기를 원했다.

그래서 들려오는 말에 일일이 대응하지 않고 주님으로 채워나갔다. 여전히 변화되지 않는 우리의 모습을 말씀으로 성찰하며 더 성숙해지기를 기도했다. 다른 사람들이 당연히 오해할 수도 있다고 생각하고, 또 그들을 위해 주님의 사랑으로 기도했다.

그리고 중보기도 모임에서 성령님의 역사하심을 체험한 나는 성령의 능력에 힘입지 않고는 어떤 통로나 도구가 되지 못한다는 걸 깨달았다. 진리의 영의 임재하심과 운행하심이 사람들 가운데 있을 때 주님은 놀라우신 아가페 사랑으로 다가오셨다. 우리는 바로 이 사랑의 힘으로 양육되어 성숙한 믿음으로 성장했다. 그래서 고난 가운데 더욱 낮아지고 겸손해지기를 구하며 사랑으로 품는 걸 배웠다.

성령의 역사하심으로 작은 기도팀에서 큰 변화가 일어났지만 사실이 아닌 무성한 소문으로 인해 중보기도팀은 결국 해체되었다. 그리고 우리는 각자의 기도 자리로 흩어져 기도에 더 전념했다.

교회의 권위에 순종하다

그 후 나는 더 큰 일들로 사람들의 입에 오르내렸고, 모든 사람들이 내 곁을 떠났다. 정말 슬프고 외로웠다. 당시에는 모든 게 의문이었고, 이해가 되지 않았다. 그리고 내 마음 깊숙한 곳에는 사람들에게서 정죄와 비판 받은 일들이 쓴뿌리와 피해 의식으로 자리 잡았다.

'내 삶이 기쁘고 감사함으로 변화되었는데… 도대체 내가 받았던 은혜는 무엇이란 말인가?'

사람들에게 항상 무시당한다는 억울함과 다시 내쳐질지도 모른다는 두려움이 늘 내게 있었다. 그래서 끝없이 몰려오는 소외감과 싸웠고, 그것이 날 힘들게 했다.

그런 상처가 아물지 않은 채 몇 년이 흘러, 나는 신앙생활을 잘하기 위해 지금 다니는 교회로 들어왔다. 그러나 상처는 늘 나타나기 마련이다. 교인들이 나를 못마땅해 하며 비난하는 것 같은 피해 의식과 열등감 때문에 마음을 열 수가 없었다. 한 번 내쳐졌던 거절감 때문이었다. 그러다 보니 점점 외로워졌고, 여러 선교지를 다니며 사역하고 있음에도 내 마음은 자괴감으로 가득 찼다.

그러던 어느 날, 기도하는 중에 하나님께서 나를 훈련시키기 위해 내 안에 있는 상처를 치유하시려는 걸 알게 되었다. 상처를 이겨내려면 교회의 권위에 말없이 충성하고 하나님의 일에만 순종해야 한다는 마음을 주셨다. 나는 이것이 하나님께서 정말 원하시고 기뻐하시는 일이라는 걸 깨달았다.

가정에서 열매 맺는 모습이 없으면 밖에서도 신뢰를 받을 수 없는 것처럼 교회의 권위에 순종하지 않으면 열방을 다니며 대단한 사역을 할지라도 주님이 기뻐하시지 않을 거라는 마음이 들었다. 그래서 교회에 순종하는 것이 내 사역의 필수 요건이 되었다. 모든 것이 순종에서 비롯되므로 권위에 순종하기로 결단했다.

이런 마음으로 교회에 다니자 주님의 은혜로 내 상처가 조금씩 회복되었다. 회복의 통로가 되신 김재욱 담임목사님과 윤소연 사모님이 울타리가 되어주셨고, 나는 그 안에 펼쳐진 푸른 초장에서 마음껏 풀을 뜯고 물도 마시게 되었다(두 분이 나를 교회에 드러내시며 사역을 인정한다고 말씀하신 적은 없지만, 그보다 더 귀한 하나님의 사랑과 지혜로 인내하시며 오랫동안 기다려주신 것에 감사하다).

떠들썩한 논란의 중심에 서 있던 나를 대하기가 무척 조심스러우셨겠지만 이 분들은 은사에 대해 한 번도 부정적으로 표현하시지 않았다. 부족한 내가 스스로 훈련을 통과할 수 있도록 열매가 나타날 때까지 지켜봐주고 사랑으로 품어주었다(내가 지금 사역할 수 있는 건 이처럼 지혜롭게 이끌어준 목회자와 성도들이 있었기 때문이다).

또한 하나님께서 우리 부부에게 여러 선교지와 한국에서 사역할 수 있는 길을 기적적으로 열어주셨다. 그럼에도 남편과 나는 교회의 권위 아래에서 더 훈련되고, 열매 맺어가기를 인내하며 말없이 기다렸다. 주님을 위해 사역하는 것도 중요하지만 먼저 공동체의 질서를 지키고 권위에 순종하는 모습을 더 원하실 것 같았다.

그러는 동안 은사를 사용하는 일보다 그것을 통해 내가 변화되는 걸 더 기뻐하신다는 걸 알게 되었다. 마침내 열방의 영적 권위자들로

하여금 선교사로 세워지고 사역의 문이 더 크게 열렸을 때 담임목사님을 비롯한 교회 리더들이 우리를 '순회선교사'로 임명해주었다. 이 모든 일에 합력하여 선을 이루도록 인도하신 주님께 영광을 돌린다.

견고한 상처

내 일생에 큰 아픔이 있었다면 가장 신뢰하고 사랑하는 친구가 내게서 돌아선 거였다. 그는 목사였고, 순수하고 착하며 신앙이 깊은 사람이었다. 우리는 동역하며 기쁨으로 많은 영혼들을 위로하고 복음을 전했다. 그리고 사람들에게 부러움과 질투를 살 만큼 친했다.

그러던 어느 날, 교회 안에서 일어난 나와 관계없는 일로 그가 오해하기 시작하더니 불신의 골이 깊어졌다. 결국 그가 내게 교회에서 나가달라고 했다. 청천벽력과도 같은 선포였다. 그러나 그를 믿음 안에서 신뢰하고 사랑했기에 친구와 교회를 위해 눈물을 머금고 교회를 떠났다.

그 후 나는 철저히 홀로 남아 외롭고 고독한 날을 보냈다. 정말 억울하고 슬펐다. 영혼을 사랑하고 복음을 전하며 열심히 사역했지만 내게 다가와서 위로하거나 격려하는 사람이 없었다. 오해로 인해 내처졌다는 거절감의 상처가 내게 크게 남았다. 왜 이런 일이 생겼는지 이해할 수가 없었다.

그러나 언젠가는 주님이 진실을 밝혀주실 거라는 마음으로 오랫동안 인내하며 기다렸다. 그 시간 동안 오직 예수님으로 내 마음을 채우고 또 채워나갔다. '틀림없이 이 고난에는 하나님의 뜻이 있으리라'라는 믿음으로 내가 더 성숙해질 수 있도록 기도했다. 그리고 하나님을 더 알아가기 위해 신학교에 들어가서 오직 말씀만 파고들었다. 주님은 이를 통해 앞으로의 사역을 준비시키시고 믿음을 더 성숙하게 이끌어주셨다.

아픔을 잊을 만큼 시간이 지난 어느 날, 자신이 목회하는 교회에서 떠나달라고 했던 친구가 찾아와 자신의 실수와 오해로 내게 상처 줬던 것에 대해 눈물로 용서를 빌었다. 정말 훌륭하고 귀한 모습이었다. 내 마음에 비수처럼 꽂혔던 일들 중 가장 큰 오해를 풀게 되었다. 6년 만에 쉽지 않은 발걸음으로 와서 용서를 비는 그 마음이 정말 고마웠다. 나는 그녀를 주의 긍휼한 마음으로 아낌없이 축복했다.

그런데 1년 후에 우리 내외가 선교지에서 사역하고 있을 때 그녀가 암으로 세상을 떠났다는 애통한 소식을 들었다. 나와 남편은 6개월 동안 열방을 순회하고 캘거리로 돌아왔다. 그리고 기도하는 중에 외롭게 남은 그녀의 남편을 돌보라는 주님의 음성을 듣고 순종함으로 그를 만났다.

아무도 찾아오지 않고, 외톨이가 된 그에게 우리는 최선을 다해 사랑과 긍휼함으로 함께했고, 용기를 주었다. 몇 년 동안이나 배신감에 힘들어하던 남편이 직접 나서서 그를 섬기고 위로했다. 그런 남편의 놀라운 변화에 나는 주께 감사했다.

우리는 그에게 인도 YWAM 킹스웨이 CDTS(예수전도단 제자훈련학교)를 추천했다. 그는 인도에서 5개월간의 힘든 훈련을 은혜롭게 마치고, 주께 남은 인생을 드리기 위해 헌신하는 마음으로 캐나다의 모든 걸 정리하고 인도로 떠났다. 주님의 은혜가 감사하고 놀라웠다.

큰 은혜를 경험하고, 사역할 때 놀라운 성령님의 역사를 체험해도 내 마음에는 상처와 거절감이 여전히 남아 있는 걸 관계 안에서 발견했다. 삶에 지쳐 힘들다며 찾아온 이들을 위해 함께 울며 기도해주었는데, 다 회복되고 나서는 전혀 다른 태도를 보였기 때문이다. 또 사역에 대해 돌을 던지며 나를 비방하는 일도 빈번했다.

그들이 회복되고 나서도 또 넘어질까 염려하여 몇 개월 동안 제자훈련까지 시키고 말씀으로 충만케 하는 통로가 되었음에도, 여전히 나는 그들을 사랑하고 있는데도…. 이들의 배신과 내침이 오랫동안 내 마음을 아프게 했다.

'아직도 내게 하나님께서 계획하신 훈련이 더 남아 있는 거겠지'라고 생각했지만 솔직히 이런 일들은 쉽게 이해되지 않았다. 그리고 이 일로 힘들어하는 내가 너무도 싫었다.

'나는 왜 이리 연약한 걸까? 하나님의 사랑으로 그들을 덮을 수는 없는가?'

예전의 상처가 다 치유된 줄 알았는데, 진실이 왜곡되는 비슷한 문제에 부딪치면 여전히 힘들었다. 나는 점점 말이 없어지고, 사람을 만나는 것도, 사역하는 것도 싫어졌다. 아직 치유되지 않은 내 견고한 상처를 두고 간절히 기도했다.

'이런 일이 일어날 때마다 더 이상 고통스러워하지 않도록 해주세요. 이 거절감의 쓴뿌리 상처를 다 치유해주세요.'

함께 사역하다 소천한 친구에게 내쳐졌던 상처가 내 안에서 다 아물지 않았다는 걸 나는 기도를 통해 알게 되었다. 그가 찾아와서 용서를 구했고, 나도 그를 용서했다고 생각했지만 머리로만 했을 뿐 마음으로는 되지 않았던 것이다. 그래서 내 영혼이 자유하지 못했다. 나는 치유받고 싶었다. 상처에서 자유롭고 싶었다. 이것을 해결하실 분은 오직 주님이시기에 더 기도에 매달렸다.

눈물의 치유

그러던 어느 날, 자신의 아버지를 잘 돌봐줘서 감사하다며 소천한 친구의 자녀들이 우리 부부를 식사에 초대했다. 그 자리에서 나는 용기를 내어 그들에게 도움을 청했다. 이 상처를 해결하고 싶어 그의 딸과 아들과 며느리 앞에서 그간 아프고 힘들었던 내 마음을 토로하면서 그 친구를 진정으로 용서할 수 있도록 기도를 부탁했다.

그런데 갑자기 며느리인 지영자매가 눈물을 흘리면서 통곡했다. 한참 울더니 성령께서 임재하셔서 그동안 힘들었을 내 마음에 동감이 되어 통곡이 나왔다고 간증했다.

그녀는 진심으로 대신 아파해주었다. 순간 내 아픔의 상처에 동감하여 흘려준 그 눈물로 내 마음에 감동이 오며 모든 상처가 치유되고 회복되는 걸 느꼈다. 나는 주님께서 내 기도를 들어주신 것 같아 큰 위로를 받았다. 동시에 나는 한 가지 진리를 깨달았다. 상처로 힘들어하는 사람에게 훈계하고 가르치려고 했던 욥의 세 친구로 다가가기보다 말없이 주님의 마음으로 함께 울어주며 그 마음에 동감해야 함을 알게 되었다.

다음 날 아침, 그의 딸 정원에게 장문의 메일이 왔다.

'돌아가신 제 어머니에게 받은 상처를 주님께서 치유해주실 걸 확신합니다. 어머니도 선교사님을 많이 그리워했고, 미안해하셨어요.'

나는 그 자리에서 간절히 기도했다.

'주님, 그의 자녀들을 통해 큰 위로를 받았습니다. 이제 남은 상처의 찌꺼기도 다 도말해주세요.'

주님의 음성이 나를 따뜻하게 에워싸는 게 느껴졌다.

'오랜 세월 동안 가시에 찔려 아팠느냐?'

'네, 주님, 많이 아팠어요.'

'그런데 딸아, 너는 한 번도 그들에게 가시를 준 적이 없고, 네 입술로 이웃을 정죄한 적이 없느냐?'

'…'

나는 아무 대답도 하지 못했다. 순간 주마등처럼 스치는 기억들이 있었다. 내가 받은 상처로 인해 억울함을 호소하며 친구를 정죄하던 모습이었다. 내가 그를 찔렀다는 생각은 한 번도 하지 못했다. 그러나 주님께는 통하지 않았다. 그가 나를 돌로 치고 가시로 찔렀으니 나도 당연히 되돌려줄 수 있다고 생각했다. 그래서 수없이 돌을 던졌고, 가시로 찔렀던 내 모습을 보게 되었다. 순간, 큰 잘못을 했다는 걸 깨달았다. 즉시 나는 눈물로 회개했고, 가장 먼저 주님께 용서를 빌었다.

진정한 용서는 내가 먼저 죄인임을 시인하고 주님 앞에 용서를 구할 때 비로소 할 수 있다. 주께서 나를 용서해주셔야 나도 용서할 수 있다. 내 지식으로 용서해봐야 아무 소용이 없다. 회개를 통해 내 모습을 깨닫고, 상처의 뿌리가 뽑힌 흔적이 주의 사랑으로 채워지니 진정한 용서가 되었다. 그러자 원망과 억울한 마음이 순식간에 사라졌다.

상처가 치유되자 마음에 평안이 임하여 하루 종일 기쁨의 눈물이 흘렀다. 그리고 마음으로 그 친구를 용서하게 되니 1년 반 전에 떠난 친구가 사무칠 정도로 그리웠다.

이후로는 오랫동안 잠재되어 있던 거절감의 쓴뿌리가 더 이상 날 힘들게 하지 못했다. 내게 상처를 줬던 그들을 통로 삼아 하나님께서 내가 교만하지 않도록 훈련시키셨음을 깨달았다. 견디기 힘들었던 핍박과 고난이 오히려 내게 유익이 되었다. 지금은 통로 된 모든 사람들에게 감사한다.

자존심을 내려놓으라

그런데 산 넘어 또 산이 있었다. 주님은 끊임없이 나를 관계 속에서 훈련시키셨다. 한 자매와 함께 기도한 것밖에 없는데 이상한 소문이 돌았다. 그녀가 사업체를 계약하기 전에 내게 은밀히 기도를 부탁했는데 내가 그것을 악용해서 문제의 가게를 먼저 계약하여 차지했다는 거였다.

기도하는 사람에게 '진실'과 '정직'은 생명이다. 하나님 앞에, 그리고 사람들에게 진실해야 하는데 그들은 나를 파렴치한 인간으로 몰아갔다. 나는 너무나 억울했다. 그 자매와 함께 기도는 했지만 가게와 관련된 어떤 이야기도 나눈 적이 없었다. 그녀도 정확히 아는 사실이었다.

거짓 소문은 지역 전체로 퍼져나가 내가 사역을 더 이상 할 수 없을 정도가 되었다. 그동안 나를 신뢰하던 사람들도 내게서 등을 돌렸다. 이것이 사역을 방해하는 어둠의 영이 공격하는 것임을 깨닫고 나는 주님께 기도했다.

'주님, 저를 위로해주세요. 주님 밖에 없습니다.'

어느 날은 너무나 억울해서 울며 기도했다.

'저를 이 억울함에서 건져주시고 해방시켜주세요.'

그런데 갑자기 주님의 음성이 들렸다. 육신의 귀로 들린 게 아니라 마음이 녹을 듯한 따뜻한 사랑으로 임했다.

'사랑하는 딸아, 외로워하지 말라. 내가 너와 함께 있으며 너를 지키고 있단다. 영원히 너와 함께 있을 것이다. 너를 얼마나 사랑하는지 아느냐? 그런데 너는 십자가를 통과했느냐? 네 자존심을 십자가에 내려놓아라. 십자가에서 나와 함께 죽어야 네가 살 수 있다.'

순간, "나는 분명히 예수님이 내 구주 되심을 믿습니다"라고 고백했지만 내가 예수님을 지식적으로 아는 정도에만 그쳤다는 생각이 들면서 내 본모습이 드러났다.

아주 큰 나무가 보여서 눈을 크게 뜨고 집중해서 보니 아주 작고 보잘것없는 벌레 한 마리가 그 나무 위에 앉아 있었다. 그 벌레는 내리쬐는 땡볕을 피해 그늘을 찾아 이곳저곳을 날아다녔다.

'저 벌레가 네 모습이다. 빛을 피해 세상의 그늘을 아무리 찾아다녀도 결국 너는 내 안에 있단다. 너는 내 것이다. 나와 함께 십자가에서 죽은 자만이 다시 살 수 있다. 십자가는 사랑이다.'

내 심장을 두드리는 음성에 깜짝 놀랐다. 성령님의 감동으로 내가 누군지를 정확히 깨달을 수 있었다. 믿음이 있음에도 모든 중심에는 주님이 아닌 내 생각이 먼저였던 나를 보게 되었다. 기도 안에서 들려주신 음성이 갈라디아서 2장 20절 말씀과 흡사하여 성경을 펴고 큰 소리로 읽었다.

"내가 그리스도와 함께 십자가에 못 박혔나니 그런즉 이제는 내가 사는 것이 아니요 오직 내 안에 그리스도께서 사시는 것이라 이제 내가 육체 가운데 사는 것은 나를 사랑하사 나를 위하여 자기 자신을 버리신 하나님의 아들을 믿는 믿음 안에서 사는 것이라."

그렇다. 그때까지 나는 주님과 함께 십자가에 못 박혀 죽지 않았다. 내 안에 내가 살아서 희생을 하고, 내 의로 사랑을 베풀었다. 또 내가 나를 가시로 찔렀음을 깨달았다.

곧 그들의 모습이 나라는 것도 알게 되었고, 비쳐진 거울 안의 모습에서 단단한 내 자존심을 보았다. 생명처럼 지키고 있던 내 자존심이 문제였다. 주님 앞에 모든 것을 드러내며 상처의 무덤인 자존심 덩어리를 십자가에 내려놓았다. 믿음이 적고 교만하고 어리석은 나를 돌아보며 통곡하며 회개했다. 사랑으로 품고 사역했다고 자부심을 가졌던 내가 벌레보다도 못한 모습으로 주님 앞에서 깨졌다. 이전보다도 더 큰 회개가 임하여 울고 또 울었다.

그러자 생명과 평안이 임하여 내 영혼이 쓴뿌리에서 완전히 자유해졌다. 진리 안에서 자유케 되니 내면 안의 모든 상처가 치유되고 회복되었다. 내 영이 기쁘니 내 안에 있던 억울함도 눈 녹듯 사라졌다. 그때까지 내 시각으로 보던 관계를 하나님의 시각으로 바라볼 수 있게 바뀌었다. 어떠한 일로 배척을 당할지라도 주님께서 진실을 안다면 억울해 할 필요가 없다는 생각이 들었다. 그리고 자존심을 버리고 예수님만 드러내리라 결심했다.

마음이 평온하니 잠시 잠이 들었다. 1분도 안 되어 실제 같은 신기한 일이 일어났다. 극장의 스크린보다 더 큰 화면에 꽃으로 꽉 차 있는 그림이 보였다. 나는 형형색색의 아름다운 꽃을 자세히 보며 천천히 지나가고 있었다. 꽃술까지 볼 수 있을 정도로 아주 자세하게 그리고 천천히 45분 동안 보여주셨다. 나는 정말 기뻤다. 꿈이 아니고 열린 환상으로 보여주셨다. 감동하여 주님께 여쭈었다.

'아버지, 이 아름다운 꽃을 왜 제게 보여주십니까?'

주님이 말씀하셨다.

'네가 위로로 꽃을 보여달라고 하지 않았느냐?'

순간, 한 달 전에 죽을 만큼 힘들 때 했던 푸념 섞인 그 기도를 주님이 기억하셔서 응답해주셨음을 알게 되었다.

'내 작은 신음에도 응답하시는 주님, 감사합니다.'

이 일이 있은 후에 내 영이 성령님으로 인해 다시 소생되었다.

CHAPTER 03

붙들어주시다

하나님의 세미한 음성

하나님을 인격적으로 만난 후 그분의 음성을 분별하여 들을 때 기적 같은 일들이 많이 일어났다. 들은 대로 순종하면 틀림없이 성령의 역사하심을 보게 되었다.

하루는 이웃 교회의 안 장로님이 전화를 주었다. 박정서라는 교인이 날 만나고 싶어 한다고 했다. 그는 간암 말기 환자였다. 나는 사역을 나가기 전에 먼저 기도했다.

'주님! 저는 아무 능력이 없고 부족합니다. 주님이 사랑하시는 박정서가 생명이 위태롭다고 합니다. 제가 가서 무엇을 할까요?'

주님은 '내가 너를 도울 것이다. 두려워 말리. 가서 그 아들에게 복음을 전하라'라고 하셨다. 나는 순종함으로 그의 집에 갔다. 환한 미소를 지으며 반가워하는 그의 얼굴에는 병색이 짙었다. 나는 그에게 먼저 복음을 전했고, 그는 마치 스펀지가 물을 빨아들이듯 경청하며 받아들였다. 이후 그에게 영접기도를 시켰다. 죽음으로 가던 귀한 영혼이 주님께로 돌아왔다.

그 후 2주가 지났다. 그가 또 나를 만나기를 원한다고 했다. 나는 다시 기도했다.

'아버지, 복음도 전했는데 이번엔 가서 무엇을 할까요?'

주님께서 '네 간증을 나누어라'라고 하셨다. 순종하여 박 집사의 집으로 갔다. 그의 안색이 지난번보다 밝아 보였다. 그가 왜 나를 자꾸 만나려는지 묻지 않았지만 아마도 죽음에 대한 불안 때문인 듯했다. 나는 주님이 그의 마음을 아시고 '나를 은혜의 통로로 사용하시려나 보다'라고만 생각했다.

박 집사의 셀(구역) 식구 몇 명이 함께 모여 있었다. 나는 그들에게 살아 계신 하나님을 증거하기 위해 캘거리에서 일어났던 성령의 역사하심을 그대로 전했다. 수많은 사람들이 체험으로 하나님을 만나 잘못 살아온 삶을 회개하게 되고, 변화된 이후에 어떻게 살고 있는지를 소개했다.

간증이 끝날 무렵 내 왼쪽에 앉아 경청하던 한 집사님이 울기 시작했다. 성령의 만지심이 있는 것 같았다. 그가 말했다

"오늘 이곳에 온 보람이 있습니다."

그의 열 살짜리 아들이 뇌종양으로 병원에 입원해 있어서 자신도 우울해지고 삶의 의미에 대해 회의가 든다고 했다. 그런데 내 간증을 들으니 천국이 있다는 확신이 생기고, 마음에 평안이 임하며 눈물이 난다고 말했다. 또 오늘 들은 간증과 살아 계신 하나님을 만난 자신의 기쁨을 아들에게 전하겠다고 했다.

나는 모두 손을 잡고 기도하자고 선포했다. 기도하다가 나를 통

로로 불러준 안 장로님의 부인에게 방언의 은사가 임했다. 다들 처음 겪는 일이라 놀라워했다. 방언을 받은 장로님 부인도 그동안 지식으로만 믿었던 것에 대해 회개하게 되었다고 했다. 박 집사도 은혜를 받아 얼굴이 더 밝아졌다. 그를 통해 함께하는 자마다 주의 은혜를 경험하게 되니 하나님께 감사할 뿐이었다.

4주가 지난 후, 박정서 집사의 가정에서 나를 한 번 더 보고 싶다고 했다. 그가 얼마 전에 암 병동으로 옮겼다는 말을 듣고 가기 전에 주님께 기도했다.

'주님! 복음도 전하고, 간증도 전했는데 또 무엇을 할까요?'

'그에게 네가 기도하는 대로 따라서 기도하라고 해라.'

나는 병원으로 달려갔다. 가서 보니 박 집사의 몸에 온갖 기계가 달려 있었고, 더 여위어 있었다. 혼수상태에서 하루에 세 번 깨어난다고 그의 아내가 말했다. 병실에서 나와 언제 깰지 모르는 그를 기다리며 기도했다.

약 20분 정도 지나자 그의 아내가 다급하게 불러서 나는 다시 병실로 들어갔다. 그를 보는 순간 눈물이 왈칵 났다. 주님께 들은 대로 그에게 복음을 한 번 더 확인시켜주기로 마음먹었다. 죽음으로 가기 전까지 어둠의 영도 틈을 노리고 있기 때문에 그가 두려움에 싸여 있을지 모른다는 생각에 대적기도를 하기로 했다.

내가 그의 귀에 대고 말했다.

"박정서 집사님! 내 말이 들리면 가운데 손가락을 움직여주세요."

그가 손가락으로 반응했다. 순종하는 그가 대견했다.

"제가 기도하면 따라하세요. 하나님, 저는 죽을 수밖에 없는 죄인 이었습니다."

그가 입술을 달싹거리며 따라했다.

"주님, 이 죄인 박정서, 세상에 살면서 지었던 모든 죄를 용서해주세요. 제 죄를 사해주시기 위해 십자가에 못 박히신 예수님, 절 구원하시기 위해 대속하여 십자가에 돌아가신 예수님을 분명히 구주로 믿습니다. 사흘 만에 부활하신 예수님을 믿습니다. 예수 그리스도를 믿고 저는 천국에 가는 영생의 선물을 믿음으로 받았습니다. 이제 어두움이 다가와 괴롭힐지라도 저는 무섭지 않습니다. 예수님의 이름으로 선포하노니 어두움의 영아, 스올로 사라질지어다! 예수 그리스도의 이름으로 기도했습니다. 아멘."

그는 한 구절도 놓치지 않고 입술로 따라했다. 그러자 갑자기 그의 얼굴이 밝아졌다. 기도가 다 끝날 즈음에 하나님의 세미한 음성이 들렸다.

'박정서에게 성령이 임할 것이다.'

나는 순종하여 주신 음성을 선포했다.

"하나님께서 박 집사를 사랑하셔서 은혜를 내리신다고 합니다. 다같이 기도로 도와주세요."

그 방에는 박정서 집사의 누나인 박연숙 씨도 와 있었다. 당시 불교에 심취해 있던 자매로, 고전무용을 전공해서 캘거리 한인회에서 주최하는 모든 행사에 참여해 봉사할 만큼 적극적이었다.

우리 모두 박 집사를 위해 간절히 기도하는데 순간 힘이 없어서 눈도 뜨지 못하고 말도 못하던 그의 입술에서 소리가 나왔다. 죽어가는 사람이 소리 내어 울면서 방언을 했다. 하나님의 세미한 음성에 순종하니 성령님의 역사하심을 체험하게 된 것이다.

그는 방언으로 기도하면서 눈물을 흘리며 회개하는 것 같았다. 기도하는 그의 모습이 마치 천사와 같았다. 나는 그가 대견하여 머리와 얼굴을 쓰다듬어 주면서 귓속말로 "순종하여 방언을 받은 집사님을 주님이 기뻐하실 것입니다"라고 격려해주었다.

불신자에게 임하신 성령

그런데 또 세미한 음성이 들렸다. 그의 누나 박연숙 씨에게도 성령이 임한다고 하셨다. 내가 곧바로 순종하여 그녀에게 나가가서 어깨에 손을 대는 순간, 방언이 터지고 회개의 영이 임했다. 그녀는 자기의 죄를 용서해주신 주님의 은혜에 감사해서 통곡했다(나중에 그녀는 뜨거운 불이 임하여 방언이 나오고 하나님을 체험했다고 말했다). 그러자 또 세미한 음성이 들렸다.

'박정서의 아내도 준비되었다.'

무조건 순종하고 침대 끝으로 가서 기도했다. 박 집사 아내의 손을 잡고 기도하는 순간, 방언이 터지고, 대성통곡을 하며 회개했다. 우리 모두는 15분 동안 그렇게 기도했다.

　그날 밤에 박정서 집사가 혼수상태에서 두 번이나 깨어나 간호하던 누나를 보고는 "우리 방언하자"라고 말해서, 둘이 손을 잡고 방언으로 기도했다고 한다.

　이틀 후에 가게에서 일하는 중에 박 집사 아내의 전화를 받았다. 그의 임종이 임박하니 마지막으로 와 달라고 했다. 차 안에서 나는 기도했다.

　'아버지! 복음도 전했고, 체험도 간증했고, 성령이 임하시길 기도도 했는데 오늘은 무엇을 할까요?'

　'무조건 찬양을 인도하라!'

　로비에 마중을 나온 안 장로님에게 말했다.

　"하나님께서 오늘은 찬양만 하라고 하십니다."

　"네, 그러지요."

　친인척들과 교회 성가대원 등 22명의 사람들이 다 함께 찬양했다. 하나님께서 천상의 소리로 그의 죽음을 멋있게 장식해주시는 것 같았다. 첫 찬송을 부를 때 주님이 그림을 보여주셨다.

　한가운데 눈이 부시도록 흰 보석으로 된 다리가 있었고, 다리의 오른편에는 푸른 초장과 수많은 아름다운 꽃들과 달빛도 햇빛도 아닌 하나님의 거룩한 빛이 가득했다. 그곳에서 박 집사를 안아 맞아들이기 위해 천사들과 함께 사랑의 주님이 팔을 벌리고 서 계셨다. 다리의 왼편에는 흰 옷을 입은 박 집사가 보였다.

나는 모인 사람들 앞에서 이 그림을 선포했다. 박 집사는 평소에 가장 좋아했다는 찬양인 〈실로암〉을 따라 부르다가 주님 앞으로 갔다. 하나님께서 세미한 음성으로 감사기도를 올리라고 하셔서 나는 모인 사람들에게 기도하자고 말했다.

"하나님! 사랑하는 당신의 아들이 지금 천국에서 주님의 팔에 안겨 있음을 믿습니다. 그의 죽음이 캘거리에 있는 각 교회를 영적으로 회복시키는 큰 통로가 되기를 원합니다. 그를 천국 백성이 되게 하시니 감사합니다. 함께한 모든 교인들을 축복하시고, 남편을 여읜 아내와 그의 누나와 친척들을 위로해주세요. 예수 그리스도의 이름으로 기도드렸습니다. 아멘."

그는 간증한 것처럼 분명히 구원의 확신을 받았다. 그런데 하나님께서 왜 죽어가는 사람에게 성령 체험과 방언이 임하게 하셨을까? 하나님께서는 우리가 늘 성령충만하기를 원하신다. 이 경험으로 나는 죽음도 성령충만함으로 맞이해야 한다는 것을 알게 됐다.

이후 박정서 집사의 간증은 많은 사람들에게 복음과 함께 전해졌고, 그의 누나는 주님의 도구로 세워졌다. 하나님께서는 우리의 죽음조차도 복음의 통로로 쓰신다.

이제는 그의 육체의 죽음으로 말미암아 화목하게 하사 너희를 거룩하고 흠 없고 책망할 것이 없는 자로 그 앞에 세우고자 하셨으니 골 1:22

모든 염려를 내려놓으라

남편은 한국에 있고, 아이들의 유학을 돕고자 캐나다에 온 한 자매가 있었다. 남편은 한국에서 일 년에 두 번 정도 캐나다를 방문했고, 아내는 아이들을 키우며 혼자 가장 역할까지 하고 있었다. 그러다 지쳐 내게 기도를 받으러 왔다. 그녀를 위해 기도할 때에 주님이 말씀하셨다.

"사랑하는 내 딸아, 너는 왜 기도하지 않느냐? 내가 네게 줄 것이 많은데 왜 구하지 않느냐? 네가 구할 것은 세상의 것이 아니고, 바로 내 사랑으로 빛 가운데 너를 일으켜 세우는 것이다. 이제 일어나라. 내가 너와 영원토록 동행할 것이다!"

자매는 자기의 깊은 마음의 중심까지도 아시는 주님을 만났다. 그녀는 눈물을 흘리며 주님과 동행하지 못했던 삶을 회개했다. 그리고 살아 계신 주님의 놀라운 사랑으로 자신을 일으켜 세워주심을 체험했다.

그녀는 철저히 보수적인 장로교인이었다. 그러나 하나님께서 자매의 마음을 만져주시며, 하늘의 언어인 방언도 선물로 주셨다. 자매가 기뻐하며 "이제 홀로서기가 되었다"라고 고백했다. 곁에 아무도 없을지라도 늘 하나님과 동행할 거라고 말했다.

그녀가 변화된 삶으로 잘 지낸다는 소식이 있은 후 몇 달이 지나서 대학 교수인 남편이 방학이 되어 캘거리에 왔다. 그는 오자마자 아내의 달라진 모습에 놀랐다. 다른 때 같으면 혼자 생활하며 쌓였던 스트레스를 풀어내 서로 불편했는데 상냥하고 기쁨이 충만해있는 걸 보고 신기해했다.

그런데 어느 날, 아내가 자는 남편의 다리를 붙들고 눈물로 성령의 임재를 간청했다고 한다. 남편은 한국에서 주일을 한 번도 어기지 않고, 나름 독실한 신앙인이라고 생각했는데 아내가 갑자기 성령을 받으라고 하니 정말 기가 찼다고 한다.

그래서 아내의 신앙관이 잘못되었다고 판단하고, 교수요, 박사인 그가 배운 지식으로 아내를 가르치기 시작했다. 그녀는 아무 말 없이 인내하며 온화함으로 잘 이겨냈다. 그녀의 삶이 이미 분쟁을 피하는 지혜로 열매를 맺고 있었다. 그리고 하나님의 때에 남편이 깨지도록 묵묵히 기도했다.

어느 날, 자매가 집으로 무조건 와 달라고 내게 연락했다. 그날 남편이 체험으로 하나님을 만나게 될 거라고 음성을 들었다고 했다. 나는 그녀가 들은 주님의 음성에 순종하기로 하고, 다섯 명의 기도 동역자와 함께 그 집으로 갔다.

남편의 첫인상은 순수하고 정직해보였다. 우리를 내치지 않고 반겨주는 그의 성품에 감사했다. 슬쩍 기회를 봐서 확인해보니 분명한 구원의 확신도 있었다. 우리가 그동안 체험으로 받은 성령의 임재하심을 간증하니 궁금하기도 하고, 한편으로는 사모하는 마음이 생긴 듯했다.

혹여 부담을 주어 생기는 마음이 아닌지 확인하니 "간증을 들어

보니 그동안 내가 종교생활을 했던 것 같다"라며 주님을 만나고 싶다고 진심으로 말했다. 나는 그의 겸손함에 감동을 받고, 그 마음을 만져주시기를 기도했다. 그러자 성령께서 말씀하셨다.

"내 사랑하는 아들아, 누구의 도움도 받지 못해 어렵게 공부했고, 그로 인해 네겐 열등감과 피해 의식의 상처가 있단다. 박사 학위를 받기까지 홀로 해낸 훌륭한 내 아들이구나. 그런데 육신의 부모에게 공급받지 못한 거절감과 두려움이 있단다. 그럼에도 너는 누구보다도 부모를 잘 섬기고 있기에 너를 축복할 것이다. 모든 염려와 걱정을 내려놓아라!"

많은 것들이 기도에 나타나니 그가 놀라워했다. 계속 기도할 때 그의 입에서 방언이 터졌다. 기도를 다한 후에 그가 말했다.

"이것이 바로 하나님과 인격적으로 만나는 것이군요."

그는 주일을 어긴 적이 없었고, 십일조도 빠뜨리지 않았으며, 찬양과 예배를 기쁨으로 드렸고, 기도도 꾸준히 했지만, 자신이 세운 법으로 행했다는 것을 깨닫게 되었다. 그동안 성령님의 법대로 순종하지 못했던 걸 회개했다. 곧 그의 얼굴이 아침 해와 같이 빛났다.

이후 한국에 돌아간 그는 교수실에서 혼자서 예배를 드리고 말씀을 묵상하며 성경을 읽는다고 했다. 과거에는 복음 전도에 전혀 관심이 없었는데 성령의 임재를 체험한 후에는 제자들에게 복음을 전하는 게 정말 기쁘다고 했다. 또한 기도를 받을 때 예언의 은사가 임해서 기도할 때마다 지혜롭게 잘 사용한다고 했다.

또 제자들에게 기도해주면서 믿음이 있는지 일일이 확인하고, 복음을 전한다고 간증했다. 그렇게 1년 동안 90명 이상 전도했다고 한다. 교수인 권위자가 제자에게 전하니 그들이 복음을 잘 받아들인다고 말했다. 그는 정말 귀한 통로가 되었다.

이와 같이 주께서도 복음 전하는 자들이 복음으로 말미암아 살리라 명하셨느니라 고전 9:14

과거의 아픔에서 해방되다

기도사역을 통해 현장에서 수많은 영혼들이 치유받고 회복되는 모습을 보았다. 그만큼 놀라우신 하나님의 임재는 우리를 변화되게 인도하신다. 변화를 받은 사람들 중에서도 정말 주님의 성품으로 열매를 맺고 사는 한 자매가 있었다.

8년 전, 죽을 만큼 힘들 때 기도사역을 통해 치유를 받고 회복되었다. 그는 진리 안에서 자유하니 세상의 삶을 내려놓으며 살 수 있었다고 눈물로 고백했다. 자매는 아기를 낳지 못하여 시험관 시술을 여러 번 시도했지만 실패했고, 좌절과 실망과 낙심으로 인해 대인기피 증상이 나타났다.

한국에서 마지막으로 한 시험관 시술에 실패한 후 친정 엄마와 같이 교회에 갔다. 그런데 사람들이 방언을 하면서 울고불고하는 모습이 마음에 들지 않았다. 그래서 친정 엄마에게 귓속말을 했다.

"엄마, 절대 저 이상한 사람들과 어울리지 마세요. 저들이 하는 방언이라는 것도 따라하지 말고, 조용히 교회만 다니세요."

그리고 자리를 박차고 나오는데 교회 현관에서 간증집을 염가로 팔기에 다음 날에 캘거리로 돌아오는 비행기 안에서 읽으려고 두 권을 사서 나왔다고 한다. 그 책이 바로 김우현 감독의 《하늘의 언어》와 손기철 장로님의 《고맙습니다 성령님》이었다.

그녀는 비행기 안에서 두 책을 읽고 성령충만함과 방언과 성령님의 역사하심이 얼마나 놀라운지 깨닫게 되었다(실제로 이 두 책은 내 사역에도 많은 도움을 주었다. 똑같은 성령의 역사가 거의 동일한 시기에 캘거리에서도 일어났기 때문이다. 많은 사람들이 성령님을 잘 모르는 상태에서 이 책들을 읽고 나면 성령님과 그분의 역사에 대해 이해하게 되고 은혜를 받았다).

자매는 성령께서 자기 안에 풀리지 않았던 많은 응어리를 치유하고 회복시키신다는 걸 알게 되었다. 성령님의 일하심을 함부로 판단했던 걸 철저히 회개했다. 그 책을 읽고 자신도 성령의 임재와 방언을 받고 싶어 간절히 기도했다.

일주일이 지난 후 자매는 친구에게 전화 한 통을 받았다. 그 친구는 며칠 전에 복음을 전해 듣고 기도를 받았는데 잘못 살아온 이전의 삶을 통회하고, 지식으로만 알던 하나님을 인격적으로 만났다고 전했다. 그리고 방언의 은사도 받았다고 간증했다.

그때 간절히 방언을 사모하며 기도하던 자매는 하나님이 주신 절호의 기회라고 느꼈다고 한다. 그녀가 나를 만나고 싶어 한다는 말을 듣고 나는 마음이 바뀌기 전에 만나야겠다고 생각했다.

자신이 은밀히 지은 죄가 속속들이 드러나지 않을까 하는 두려움 때문에 기도 받는 것을 피하는 사람들이 있다. 그러나 그동안 많은 사람들을 위해 기도했지만 하나님께서 죄를 따져 묻거나 책망하시는 경우는 거의 없었다. 처음부터 사랑이요, 마지막까지 사랑과 위로와 격려로 치유하셨다. 기도의 통로로 쓰임을 받는 나도 먼저 영혼 사랑의 긍휼함으로 가득 채워졌다.

밤 11시에 자매의 집에 도착하니 그녀가 나를 반겨주었다. 먼저 그녀의 안에 복음이 있는지 확인하니 진리를 믿는 주의 자녀가 틀림없었다. 내가 기도했다.

"사랑하는 내 딸아, 나는 너를 너무나 사랑한단다. 네 아픈 마음을 내가 지고 갈 것이다. 내 십자가에 네 모든 무거운 짐을 다 내려놓기를 원하노라. 그동안 얼마나 죽고 싶었으며, 도망가고 싶었느냐? 이제는 내가 네 모든 상처를 빛 가운데로 드러내어 어둠을 물리쳐줄 것이다.

사랑을 가지고 품어준 일에 대해 오해를 받았구나. 진실이 왜곡되어 네 심장에 비수가 되어 꽂혔구나. 너는 진실되고 정직하며 착하고 지혜로운 딸임을 인정하노라. 그 억울함에서 벗어나라. 너는 잘못이 없다. 그러나 네 상처가 깊어서 네 아름다운 눈도 피해의식으로 가득하다."

자매가 통곡하며 옆으로 쓰러졌다. 그녀는 특히 '진실이 왜곡되어 심장에 큰 비수가 되어 꽂혀 있다'라는 음성을 듣고 가슴을 쥐어뜯으며 괴로워했다. 한참 동안 그녀는 구역질을 하며 울고 또 울었다. 그녀를 덮고 있던 어둠의 정체가 빠져나오고 있었다. 나 역시 긍휼한 마음으로 함께 울었다(기도사역을 할 때 함께 많이 울수록 치유와 회복이 크게 일어나는 걸 경험한다).

울던 자매가 갑자기 방언을 하기 시작했다. 성령님은 반드시 그분의 역사하심의 증거로 선물을 내리신다. 그런 후에 너무나 자유하고 마음이 편안하다며 기뻐했다. 진실이 왜곡되어 억울했던 응어리가 빠져나갔다고 고백하며 간증했다. 그것이 너무나 귀해서 나중에 스무 명쯤 되는 사람들 앞에서 간증할 수 있는 자리를 마련했다.

다음은 그 자매의 간증이다.

"먼저 부족한 저를 치유하시고 회복시켜주신 주님께 감사와 영광을 돌립니다. 저는 다른 사람이 일생에 한 번도 겪기 힘든 시련을 많이 겪으며 버림받은 인생이라고 생각했어요. 그런 마음으로 남편도 이웃도 다 싫고 미웠어요. 나를 돕지 않는 하나님도 인정하고 싶지 않았죠. 내 안에 있는 하나님이 내 하나님이 아닌 것 같아 답답하고 힘들었어요.

저는 결혼을 두 번 했습니다. 두 번째 결혼한 이가 바로 지금 남편이지요. 지금 키우고 있는 아이는 전처의 소생입니다. 시험관 시술을 몇 번이나 실패하니 아기를 가진 임산부도, 아기와 함께 다니는 사람들도 다 보기 싫었어요. 특히 시댁에서 위선자로 취급받은 게 무척 힘들었어요. 진실이 왜곡되었던 일에 가슴이 답답할 정도로 억울했습니다.

그런데 이 모든 아픔에서 헤매고 있던 내게 주님이 사랑으로 찾아오셨습니다. 그분은 내 아픈 상처를 알고 계셨어요. 하지만 지금은 과거의 일이 하나도 생각나지 않습니다. 나를 짓누르고 있던 상처가 모두 치유되었고, 주님을 인격적으로 만났습니다. 형편과 처지는 달라진 게 없지만 지금 너무나 기쁘고 편안합니다. 세상의 어떤 좋은 조건도 이 행복을 빼앗을 수 없다고 생각해요. 주님이 내 모습 이대로 인정하시고 사랑하신다는 걸 알게 되었기 때문입니다. 오직 성령의 능력으로 내 삶이 달라졌습니다."

자매의 간증은 모인 사람들에게 큰 도전이 되었다. 하나님의 역사하심이 정말 놀라웠다. 그 후에 나는 자매가 제자훈련을 통해 말씀 가운데 설 수 있도록 함께 귀한 시간을 가졌다(지금 그녀는 다른 사람들에게 제자훈련을 시키면서 아름다운 열매를 맺으며 살고 있다).

이후에도 많은 어려움과 고난이 있었지만 자매는 한 번도 과거의 모습으로 돌아가지 않았다. 남편이 신장이 좋지 않아 투석을 해도, 재정이 심하게 힘들어도 좌절하거나 낙심하지 않았다.

이전에는 세상의 영향을 받아 상처투성이인 피폐한 삶을 살았지만 주님을 인격적으로 만난 이후에는 완전히 변화되었다. 어떠한 고통에도 굴복치 않고 승리하며 진리 안에서 자신을 소중히 여길 때 세상에 영향을 끼치고 사는 참제자가 된다.

그러므로 예수께서 자기를 믿은 유대인들에게 이르시되 너희가 내 말에 거하면 참으로 내 제자가 되고 진리를 알지니 진리가 너희를 자유롭게 하리라 요 8:31,32

우울증과 공황장애의 치유

어느 날, 선하고 진실해 보이는 한 젊은 청년이 아내와 함께 찾아왔다. 한눈에 보기에는 부유한 가정에서 아무 걱정 없이 자란 사람들인 듯 세상 풍파의 흔적이 없어 보였다. 그런데 이 부부를 보는 순간 어머니가 자식을 품어주듯 사랑으로 품어주고 싶었다.

형제를 위해 기도하는데 어두운 곳에서 두려움에 싸여 웅크리고 있는 여섯 살 때의 모습을 보여주셨다.

"사랑하는 아들아, 그동안 빛도 물도 없는 곳에 갇혀 얼마나 고독하고 외로웠느냐? 네가 눈물을 흘릴 때 내가 함께했고, 고독하고 외로울 때 네 옆에서 널 지켰단다. 내가 네 상처의 쓴뿌리를 뽑아줄 것이다. 두꺼운 벽을 무너뜨리고 널 자유케 할 것이다. 이제 권능의 빛을 받고 벽 안에서 나오라.

너는 지혜롭고 겸손하며 특히 손재주가 많아서 많은 작품을 만들어낼 재능이 있는 걸 아느냐? 음악과 예술적인 달란트가 네게 크게 임한 걸 기뻐하라. 예수님의 이름으로 명하노니, 이 모든 아픔의 상처에서 자유할지어다. 예수님의 보혈로 회복되고 치유될지어다!"

그리고 어머니의 큰 기대와 대리 만족으로 양육되어온 형제에게 우울증이 있다는 걸 알게 해주셨다. 자신의 마음을 읽어내는 걸 보고 형제가 놀라서 마음의 문을 열었다.

다음으로 그의 아내를 위해 기도했다. 하나님께서 그녀의 마음 안에 있는 점 하나를 보여주셨다. 그 의미는 마음에 답답함이 있다는 거였다. 자신의 감정을 밖으로 드러내지 않으며 모든 걸 혼자 감당하다 보니 생긴 공황장애였다. 나는 주시는 음성 그대로 선포했다.

"사랑하는 내 딸아! 왜 아픔에 대해 간구하지 않느냐? 너는 내 것이고, 내가 너를 사랑하고 존귀하게 여기는 것같이 자신을 사랑하고 존귀히 여겨라. 그리고 무거운 짐을 다 내게 맡겨라."

그렇게 위로하시고 사랑으로 감싸주시는 말씀을 전했다. 아내의 병은 이 부부만 아는 사실이었다. 그런데 내가 기도하며 그것을 말하니 형제의 마음이 더 열렸다.

그가 자신의 과거의 아픔에 대해 말했다. 그의 어머니는 아버지와 대화가 오랫동안 단절되어 아들에게 집착하며 때로는 남편처럼 여기며 살아왔다. 또 아버지와 사이가 좋지 못한 누나를 심하게 편애했고, 그것이 형제에게 큰 상처가 되었다고 고백했다.

어머니의 과도한 기대에 맞추어 살다 보니 늘 속마음을 숨기게 되었고, 자신도 모르게 생긴 거절감이 오래 쌓이면서 억울함이 싹텄다고 한다. 그로 인해 열등감에 빠져 자존감이 전혀 없어보였다. 그러던 중에 착하고 예쁜 아내를 만나 이전에 누리지 못한 자유를 누렸다.

그러다 캐나다에 와서 첫 직장을 다니게 되었는데 자신감을 상실했던 상처가 치유되지 않아서 문제가 나타났다. 완벽주의에 대한 강박증으로 정상적인 회사생활을 할 수가 없었던 것이다. 그는 자신의 능력이 부족하다는 열등감에 묶여 더 고통스러워했다. 자책하며 스스로를 벼랑으로 몰아갔고, 우울감이 더 깊어졌다. 결국 얼마 못 가서 직장에서도 해고되었다.

두 번째 직장에서도 똑같은 문제로 퇴사하게 되자 그에게 불면증이 생기면서 환청이 들리기 시작했다.

"너는 아무것도 할 수 없으니 마땅히 죽어야 해. 네게는 미래가 없어."

세 번째 직장도 우울증 때문에 결국 그만둘 수밖에 없었다. 갈수록 불안해하는 남편을 바라보며 마음을 둘 데가 없던 아내에게 공황장애가 생겼다.

첫 번째 기도를 받고 일주일이 지난 후에 형제가 다시 기도 요청을 했다. 우리 집으로 찾아온 형제의 초췌한 모습이 내 마음을 아프게 했다. 그는 그동안 공동체에서 소속감이 없어지면 소외된 기분이 들어 사람들을 회피했다고 말했다. 그들이 거절하기 전에 자신이 먼저 거절하며 피했던 것이다.

전심을 다해 대적기도를 하고 있는데 갑자기 형제가 가슴을 두드리며 답답하다고 호소했다. 어둠의 영이 그를 끝까지 잡고 있었다. 성령께서 임재하셔서 악한 영을 물리쳐주시기를 간절히 부르짖으며 사랑으로 기도했다. 무려 한 시간 반이 흘렀다.

기도하는 중에 형제의 손과 입과 눈빛이 우는 사자처럼 돌변했다. 함께 기도하던 사람들은 그의 모습이 성경에 "대적 마귀가 우는 사자같이 두루 다니며 삼킬 자를 찾나니"(벧전 5:8)라는 말씀과 같은 것을 눈으로 확인하고 놀라워했다.

형제의 어린 시절 상처를 통해 들어와 오랫동안 잠재해 있던 귀신이었다. 이 사악한 영이 대적기도를 해도 쉽사리 빠져나오지 않았다. 그도 나도 지쳐갔다. 그러는 중에 형제는 가슴이 답답하다는 호소를 계속하며 가래침 같은 것을 뱉어냈다. 한참 눈물로 기도하는데 더러운 영이 끝까지 발악하며 형제를 놓지 않으려고 했다.

나는 계속 주님의 능력만을 구했다. 그러자 형제가 큰 소리를 지르며 앞으로 고꾸라지면서 드디어 사탄이 빠져 나왔다. 눌려 있던 어둠의 영, 사악한 사탄의 정체가 성령의 놀라운 능력으로 그에게서 떠나갔다. 그는 속이 시원하고, 평안하다며 갑자기 잠이 온다고 했다.

"형제가 살았구나! 주님, 감사합니다. 주님께서 하셨습니다."

나는 그를 안고 감사해서 같이 울었다.

그 후로 형제에게 날마다 치유가 크게 일어났다. 하지만 그가 힘들어질 때면 어김없이 어두운 영이 나타나서 조롱하고 기도를 방해했다. 그럴 때마다 그는 내게 전화해서 함께 기도했다. 그렇게 여러 번 기도하니 영혼이 맑고 깨끗해짐을 느끼며 마음이 가벼워졌다고 했다. 기쁨과 감사로 완전히 회복되어 자신감이 생겨 담대해졌다. 죽고 싶었던 우울감에서 완전히 회복되었다.

형제는 지금 겸손히 주님께 순종하는 제자의 삶을 살고 있다. 그의 아내도 공황장애를 치유받고, 놀라우신 성령의 임재를 체험한 것만으로도 평생 감사하며 살 수 있겠다고 고백했다.

하나님께서 창조하신 많은 피조물 가운데 인간은 최고의 존재 가치로 창조되었다.

하나님만이 우리를 인도하실 능력이 있으시다. 자녀도 마찬가지다. 선물로 받은 자녀는 기쁨과 감사로 잠시 맡아서 키워야 할 존귀한 존재임에도 내 소유로 착각한다. 부모는 통로가 될 뿐이다.

어떤 길은 사람이 보기에 바르나 필경은 사망의 길이니라 잠 14:12

과잉 사랑도, 결핍된 사랑도 인간의 조건적인 사랑일 뿐 완전한 사랑이 아니다. 그분의 사랑은 무조건적인 사랑, 아가페의 사랑, 끝까지 인내하는 사랑이시다. 하나님께서는 그 놀라운 사랑을 우리에게 거저 주시면서도 책망하시지 않는다.

사랑하는 자들아 하나님이 이같이 우리를 사랑하셨은즉 우리도 서로 사랑하는 것이 마땅하도다 어느 때나 하나님을 본 사람이 없으되 만일 우리가 서로 사랑하면 하나님이 우리 안에 거하시고 그의 사랑이 우리 안에 온전히 이루어지느니라 요일 4:11,12

관계의 회복

어느 날, 한 전도사님의 사모님이 나를 찾아왔다. 선량하고 예쁜 얼굴에 어둠이 짙게 깔려 있었다. 무슨 사연이 있는 듯 금방 눈물이 터져 나올 듯한 표정이었다. 우선 복음을 확인하니 주님을 구주로 영접한 믿음의 확신이 있었다(나는 기도하기 전에 구원을 받았는지 꼭 확인한다. 구원의 확신이 없다면 기도보다는 먼저 복음을 전한다). 그러고 나서 사모님을 위해 기도했다.

"내 사랑하는 딸아! 네 가슴이 시커멓게 타 있구나!"

가슴이 답답할 정도로 마음에 할 말이 많은데 할 수 없는 딸의 마음을 읽어주신 것이다.

"네 남편은 내가 책임질 것이다. 남편을 네 마음에서 내려놓아라! 얼마나 힘들고 슬펐느냐? 차라리 멀리 떠나가고 싶은 네 마음을 위로한다. 사랑하는 내 딸아, 자유하라. 내가 너를 지킨다!"

남편에 대해 한마디도 하지 않았는데 그에 대한 기도가 나오니 사모님이 울음을 터트렸다. 그리고 그녀가 고등학교를 졸업한 후 큰 학교 건물을 뒤로하고 층계를 내려오는 모습을 보여주셨다. 또 학교 운동장에서 허망하게 먼 곳을 바라보며 서 있는 어린 학생 때의 모습을 보여주시면서, 그때 죽고 싶은 마음이 있었다는 걸 들려주셨다.

"네가 죽고 싶어 할 때 내가 너를 지켰단다."

그러자 더 크게 소리 내어 울었다. 그러면서 방언이 터져 나오고 눈물과 콧물을 흘리며 통곡했다. 나는 그녀를 품에 안고 그동안 혼자 가슴이 타들어 가도록 힘들었던 걸 위로하면서 쓰다듬어주고 함께 눈물을 흘렸다.

한참 지난 후 기도가 끝나고 바라본 사모님의 얼굴은 달라져 있었다. 상냥하게 웃는 밝은 얼굴이었다. 그녀는 피아노와 성악을 전공한 재원이었다. 그런데도 자신을 나타내지 않는 겸손한 사람이었다. 신학을 공부하기 위해 캐나다로 유학을 오는 남편과 함께 오게 됐는데, 살아갈수록 점점 힘들었던 것 같다.

전도사님은 부잣집 막내아들로 자라 캐나다에 와서 신학을 공부하면서도 골프 등 취미 생활도 자유롭게 하는 낙천적인 사람이었다. 그런데 시간이 갈수록 부부 사이에 금이 가기 시작했고, 성격 차이로 대화가 단절되며 갈등이 커져 갔다. '이건 아니다'라는 생각이 들면서 떠나고 싶은 마음이 일어나서 마지막으로 하나님의 음성을 듣고자 나를 찾아왔다고 했다.

또 어릴 때 공부도 잘하여 당연히 좋은 대학에 들어갈 줄 알았는데, 자신이 원하는 대학에 떨어진 게 큰 상처였다고 한다. 그런데 그 모습이 기도에 그대로 나와서 놀랐다고 했다. 자기만 아는 것인데 하나님께서 들려주시니 마음이 평안해지며 치유를 받았다고 했다. 나는 회복된 사모님을 안고 축하해주었다. 정말 하나님이 사랑하시는 대견하고 순진한 딸이었다.

얼마 후 그녀가 소식을 전해왔다. 상황은 달라진 게 없지만 남편을 바라보는 시각이 달라지자 그가 긍휼하게 여겨지면서 인내할 수 있게 됐다고 했다. 처음에 남편은 변한 아내를 의심하기도 했다고 한다. 갑자기 친절하게 대하며 저녁마다 기도해주는 아내가 귀하다는 생각이 들기도 했지만 한편으로는 뭔가 수상했다는 것이다.

그러던 중 방학이 되어 그녀가 남편에게 조심스럽게 말했다.

"여보, 박윤희 권사님에게 기도를 받아보세요."

처음에는 펄쩍 뛰었지만 변화된 아내를 보며 그 이유가 궁금하기도 해서 기도를 받아보려는 마음으로 남편이 내게 연락을 해왔다.

나는 기쁜 마음으로 기도 동역자들과 함께 전도사님의 집으로 갔다. 그런데 도착해보니 사모님이 울상이 되어 거듭 미안하다고 했다. 남편이 아무리 생각해도 모르는 사람에게 기도를 받는다는 자체가 자존심이 허락하지 않는다며 나가버렸다고 했다. 나는 이왕 온 김에 우리끼리 찬양하며 기도하자고 했다.

함께 간 모든 사람들과 한참 찬양하고 있는데 한 남자가 들어와 내 옆에 앉았다. 남편 전도사였다. 나는 진심으로 그를 위해 기도했다. 내가 그의 등에 사랑으로 손을 갖다 대고 "사랑하는 아들아, 나는 너를 너무나 사랑한단다"라고 하는 순간 갑자기 그가 큰 소리로 울기 시작했다. 속으로는 '아니, 이렇게 쉽게 깨질 사람이 왜 도망을 갔다 왔나'라고 생각했지만 한편으로는 기도로 은혜를 받으니 대견스럽고 감사했다. 나는 주님의 음성을 계속 들려주었다.

"내 기름부음을 받은 종아, 누가 널 이렇게 아프게 했느냐? 네 안에 묶인 쇠사슬을 내가 풀어줄 것이다. 너는 이 알곡들을 모아 창고에 보관하게 될 것이다. 창고는 교회란다. 너를 통해 잃어버린 수많은 영혼들을 찾을 것이며, 그들을 치유하고 회복하는 데 널 쓸 것이다. 일어나 빛을 발하라. 너는 내가 사랑하는 기름부음을 받은 능력의 종이다."

이렇게 선포하며 기도하니 계속 큰 소리로 울던 그의 입술에서 방언이 터져 나왔다. 방언을 하며 눈물로 기도하는 그의 모습이 너무나 진솔하고 순수하게 보였다.

기도를 마친 후 그가 간증했다. 그동안 사랑을 많이 받고 자랐지만 기도를 받을 때 "사랑한다"라는 하나님의 음성을 듣는 순간 가슴에 전율이 일어났다고 한다. 그 사랑은 말로 표현할 수 없는 놀랍고도 엄청난 사랑이어서 감사한 마음에 울지 않을 수 없었다고 했다.

또 목이 곧은 자신의 모습을 기도 중에 깨닫게 되었다고 했다. 그러면서 자신의 연약한 믿음을 회개했다고 한다. 이후부터 그는 더 낮아지고 겸손하여 원수에게 가서 용서를 구하고, 혹시라도 자신으로 인해 상처받은 영혼이 있을까 하여 이전보다 더 인내하고 사랑으로 품어주는 모습을 보였다.

　이 부부는 많은 고난을 치르고 훈련받은 종이 되어 지금은 목회를 잘하고 있다. 언젠가는 주님께서 신실한 그들을 세상에 드러내어 더 크게 쓰실 것을 기대한다.

사랑으로
너를 채우리라

CHAPTER 04

열어주시다

사역을 확인받다

2010년에 아프리카의 한 사역지에서 한 통의 전화가 걸려왔다. 평소 잘 알고 있던 선교사님이 금요기도회에서 나를 소개했다고 한다. 그 소개가 있은 지 몇 달 후에 사역지의 선교사님에게서 전화가 왔다.

그 분에게는 오랜 선교생활 가운데 겪었던 많은 아픔이 우울함으로 나타나고 있었는데, 전화로 기도를 받은 게 격려와 위로가 되어 곧 회복되었다. 이후에 선교사님은 딸에 대해 설명하는 장문의 이메일을 보내왔다.

'제 딸은 너무나도 착하고 겸손한 아이였어요. 그런데 어릴 때부터 부모를 떠나 기숙사에서 생활하며 외로움을 혼자 견뎌오다보니 마음이 위축되고 우울해져서 여러 번의 힘든 고비를 가족이 함께 넘겼어요. 지금은 미국에서 대학을 다니다가 사역지에 와 있는데 마음의 문을 닫고 방에서 나오질 않는답니다. 어떻게 해야 할지 모르겠어요.'

이곳은 한국의 선교사들과 간사들로 항상 북적이는 곳이었다. 선교팀들을 섬기는 핵심적인 사역이 이곳에서 이루어졌다. 선교사님의 딸은 방학을 이용해 부모님을 보러 왔지만 다들 바쁘니 마음을 붙일 곳이 없었다. 어릴 때부터 자기 집에서 자신은 나그네라는 생각이 든 것이다. 외롭고 고독한 아픔의 상처로 위축되어 마음의 문을 닫아버렸다.

이메일을 받은 후 나는 그녀의 아픔을 함께하기 위해 금식하며 기도했다. 그리고 어머니 선교사를 위로하며 주님께 간절히 기도해보자고 격려했다. 이틀 후 예쁜 여자아이의 목소리가 수화기 너머로 들려왔다. 선교사님의 딸이었다. 얼마나 귀하고 용기가 대단한지 전화를 받는 순간, 주님께서 일하시는 걸 느낄 수 있었다.

아픈 상처가 있는 사람은 전화하기가 매우 어렵다. 더구나 생면부지의 사람에게 마음의 문을 열고 기도를 받는다는 건 정말 쉬운 일이 아니다. 전화로 격려와 위로를 하면서 기도를 시작했다. 나는 기도할 때 내면으로 들려오는 음성을 확신하며 선포했다.

"내 사랑하는 딸아, 내가 너를 얼마나 사랑하는지 아느냐? 너는 존귀한 딸이란다. 나는 네 마음의 중심도, 아픈 두려움의 상처도 다 아는 친구이자 구주인 예수다. 많은 시간을 두고 네게 찾아갔는데, 왜 너는 마음 문을 열지 않았느냐? 오늘은 네 마음 문을 내게 여는 날이다. 이제 마음 문을 열어라. 내가 네게 들어가서 너와 함께하기를 원한다. 내 딸아, 이제 나를 받아들여라."

그러자 갑자기 딸이 큰 소리로 울기 시작했다. 나는 계속해서 사랑으로 기도했다. 그녀가 통곡하며 방언기도를 시작했다. 그리고 그동안 하나님을 오해하고 있었다.

'자신은 죽고 싶을 정도로 힘든 삶을 살고 있는데 사랑의 하나님이 살아 계시다면 왜 한 번도 나를 만나주시지 않을까'라고 생각했던 것이다. 하지만 하나님은 오랜 시간 동안 그녀의 마음 문을 두드리고 계셨다. 마침내 딸이 마음을 활짝 열고 완전하신 하나님을 체험으로 만나 회복되었다. 그리고 매우 평안해하며 기뻐했다.

그 후부터 예배 때에 자신이 만난 예수님에 대해 간증했다. 날마다 꿈에서 주님이 자신을 살포시 안고, 뒷산에서 함께 거니는 걸 보여주신다고 했다. 그리고 자신이 회복되었음을 고백했다. 모든 스태프와 현지인, 학생, 한인 선교사들이 이 딸이 회복된 걸 보고 주님의 역사에 놀라워했다.

그녀는 지속적으로 회복되어 부모님의 기쁨이 되었고, 공부도 잘해서 영국의 한 대학의 석사 과정을 주님의 은혜로 전액 장학금을 받고 다니게 되었다. 앞으로 박사 과정을 공부해서 아버지와 같은 선교지에서 아이들과 현지인들을 위해 헌신하고자 기도하는 중이다. 이 딸의 회복이 선교지의 많은 선교사님들에게도 도전을 주어 영적 회복을 기대하는 아루샤 한인 선교사들의 전화가 내게 빗발쳤다.

그런데 놀랍게도 기도하는 자마다 회복되었다. 그러자 기도해줘야 할 영혼들이 너무 많아져서 내가 직접 선교지로 가게 되었다. 하나님의 예비하심이었다. 귀한 딸이 통로가 되어 많은 사람들이 회복되었고, 사역도 확인받는 시간이 되었다.

새로운 길이 열리다

2010년 11월, 사역지에 도착했다. 3주 동안 그 선교사님의 통역으로 300여 명의 현지인을 위해 기도했다. 그리고 한인 선교사님들을 위해서도 기도했다. 놀라운 성령의 역사하심으로 내적치유기도 사역이 일어났고, 현지인과 한인 선교사님들이 영적으로 크게 회복되었다.

하나님은 많은 현지 교회에 부족한 나를 세워 말씀을 증거하게 하셨다. 그 통로가 된 선교사님이 계셨다. 남편의 말을 빌리자면 그 선교사님은 '이 시대에도 예수님처럼 사는 분이 계시구나' 싶을 정도로 겸손한 성품으로 영혼을 사랑하고 주님이 기뻐하시는 사역을 이루어 가셨다. 바쁜 중에도 통역으로 우리를 섬기시고 신뢰하며 세워주시니 은사가 놀랍게 나타나 많은 사람들이 치유되고 회복되었다.

3주간의 기도사역 중에 '마르다'라는 여인이 특별히 기억에 남는다. 선교사님 부부가 지도자로 키우기 위해 대학까지 공부시킨 재원이었다. 노래도 잘 하고, 똑똑하고 지혜로운 자매였다. 나라를 빛낼 그릇 같아서 딸처럼 생각하고 큰 기대를 가졌다고 한다.

그러나 남편을 잘못 만나면서 그녀의 인생이 꼬이기 시작했다. 게 으르고 초등 학문도 떼지 못한 사람과 주변의 반대를 무릅쓰고 결혼했는데 그 생활이 죽음과도 같았다. 상처가 많은 무직자 남편이 마르다를 폭행했고, 설상가상으로 그녀는 근육이 약화되는 병에 걸려 3년간 방에 갇힌 신세가 되었다.

이 소식을 들은 선교사님이 안타까운 마음으로 마르다가 내 사역 기간 동안에 기도를 받을 수 있도록 노력했으나 그녀는 집에서 걸어 나올 수조차 없는 상태였다. 근육약화증 때문에 먹기 시작한 스테로이드 약에 중독된 것이었다.

우여곡절 끝에 그녀의 남편에게 먼저 연락이 닿아 기도를 해주었다. 하나님께서 그가 게을러 가정을 지키지 못함을 아파한다고 하셨다. 성령의 날카로운 검으로 남편의 내면을 드러내주셨다. 그리고 마르다가 병에 걸린 게 아기가 유산된 후부터라고 하셨다.

기도를 마치고 그에게 유산에 대해 알고 있었느냐고 물으니 전혀 몰랐다고 했다. 그에 대해 기도할 때 마르다가 들것에 실려 나오는 그림을 보여주셨다.

이 기도를 선교사님에게 전하니 더 안타까워했다. 나는 사흘 후면 캘거리로 떠나야 했다. 마르다를 딸처럼 정성을 다해 키웠던 선교사님은 애타는 마음에 그녀의 집으로 찾아가서 기도를 받으러 나오라고 말했다. 마르다는 햇빛을 본 지 오래되었고, 걸을 수도 없어서 안타깝지만 안 되겠다고 했다. 그래도 '죽으면 죽으리라' 하는 순종하는 마음으로 와 보라고 권면했다.

다음 날, 잘 걷지도 못하는 마르다가 몇 년 만에 처음으로 집 밖으로 나왔다. 깨끗하게 옷을 차려 입었지만 그녀의 얼굴에 드리워진 죽음의 그림자가 짙어 보였다. 우리는 함께 기도했다.

"사랑하는 내 딸 마르다야, 너는 내 음성을 듣기보다는 두렵고 무서운 마음으로 어두운 영의 소리를 듣고 죽음으로 가고 있구나. 너는 남편의 소리에 떨고, 두려워하며, 잡히는 대로 다 부수고, 너를 때리는 그의 행동에 완전히 포로가 되었구나.

오늘은 어두움의 영으로부터 쇠사슬을 푸는 날이다. 너는 유산이 된 후 몸에 마비가 오고 근육의 약화가 시작되자 두려움에 휩싸여 분별함이 없어지고 어두움의 영에 사로잡혀버렸구나. 사망에서 너를 구하겠노라. 예수 그리스도의 이름으로 명령하노니, 쇠사슬이 끊어지고 회복될지어다! 예수님의 보혈로 나음을 받을지어다!"

선포기도를 하니 마르다가 그 자리에 쓰러졌다. 쓰러져서 울고 있는 그녀를 위해 계속 사랑으로 기도했다. 그녀는 오랫동안 통곡했다. 통역하는 선교사에게 하나님께서 마르다를 고치셨다는 확실한 음성을 들었으니 이미 완쾌되었음에 감사기도를 드리라고 그녀에게 전해달라고 했다.

다음 날, 나는 캐나다로 떠나야 해서 마르다의 소식을 이메일로 전해달라고 부탁하고, 다른 사람들을 위해 기도하러 갔다.

캐나다에 도착한 지 일주일 후, 기도를 통역했던 선교사님이 메일을 보내왔다.

'방금 마르다와 식당에서 만나 두 시간 동안 얘기하고 헤어졌어요. 그녀는 몸과 마음이 완전히 치유되어 앞으로 학교를 세워 후진을 양성하며 주님을 위해 살겠다고 다짐했어요.'

정말 놀라운 일이었다. 살아 계신 하나님은 실제로 역사하신다. 그분은 지금도 잃어버린 양을 찾으신다. 그리고 그 통로로 우리를 쓰신다. "하나님의 도구로 써주세요"라는 간절한 내 기도를 들으셔서 부족한 나를 아낌없이 써주셔서 너무나 감사하고 기뻤다. 이는 세상의 어떤 값비싼 것과도 바꿀 수 없는 영혼 사랑의 기쁨이었다.

바윗돌 같은 고집

사역이 열리면서 무엇보다 나를 힘들게 한 건 남편이었다. 그는 은사에 대한 인정도, 믿음에 대한 신뢰도 없었다. 자신이 믿는 하나님과 내가 만나고 있는 하나님이 다르다고 늘 싸움을 걸어왔다. 심한 언어폭력으로 얼마나 힘들게 하는지 도저히 참을 수가 없었다. 하지만 그가 나를 공격하는 배경을 알고 있기에 말없이 믿음으로 인내했다. 그것은 남편을 이용하는 사탄의 공략이었다.

평생 그가 번 재정을 아들과 함께 집 짓는 사업에 투자했는데 마침 미국의 불경기가 캐나다에까지 영향을 끼쳤다. 쓰나미가 쓸어가듯 1년 만에 재정이 다 없어지자 그 상실의 상처가 남편에게 크게 남았다. 그는 우울증과 위축된 마음으로 예민해져서 내게 신경질을 있는 대로 부렸다.

그러나 나는 큰 재정이 사라진 것에 오히려 감사했다. 내 믿음을 확인할 수 있는 좋은 기회였기 때문이다. 돈에 집착하지 않고 믿음 안에서 주님만이 우선이라는 내 마음을 주님께 온전히 올리고 싶었다. 진정한 내려놓음이 무엇인지를 깨닫는 좋은 계기로 삼고 싶었다.

그래서 남편이 아무리 핍박해도 순종하며 그의 말에 우선순위를 두었지만 한 가지는 양보하지 않았다. 바로 예수 그리스도 그분이시다. 내가 주 안에서 승리하는 삶을 살아야 남편이 돌아올 수 있다고 믿었기 때문이다. 나는 하나님께서 어떤 계기를 만들어주실 때까지 지혜를 구하며 간절히 기도하며 기다렸다.

어느 날, 남편의 불륜으로 이혼 위기에 빠진 부부가 내게 상담을 요청했다. 나는 그들에게 복음을 전하고 함께 기도했다. 성령님의 만지심으로 그 부부가 치유되고 가정이 회복되었다. 나는 기쁘고 감사한 마음으로 집으로 돌아왔다.

집에 돌아오니 남편이 자고 있었다. 재정이 없어지자 미래에 대한 두려움으로 홀로 큰 짐을 지고 있는 그가 측은해 보였다. 그래서 자고 있는 그의 두 다리를 붙잡고 주님의 위로와 격려가 임하여 평안하기를 기도했다. 그런데 갑자기 남편이 발로 내 가슴을 세게 걸어차며 소리쳤다.

"시끄럽다! 그 더러운 손으로 내 깨끗한 몸에 부정한 기도를 하지 마라!"

나는 바닥으로 나동그라졌다. 그런데 참 이상하게도 그런 그가 밉지 않았다. 내가 성령충만하니 남편이 측은하게만 느껴졌다. 주님의 사랑으로 그를 품고 기다릴 수 있었다.

그러던 어느 날, 사역을 마치고 밤늦게 집에 도착했다. 차에 기름을 채워놓으라는 남편의 말이 생각나서 계기판을 보니 충분히 남아있어서 그냥 집으로 갔다. 남편이 기름을 채웠냐고 묻기에 아직 충분하다고 말했다. 그랬더니 자기 말에 불순종했다고 고함을 지르며 추궁하기 시작했다. 그러면서 "너를 이렇게 만든 교회에다 불을 질러버릴 거야"라고 엄포를 놓았다(그의 말대로라면 아무 죄도 없는 교회에 불이 나도 몇 번은 났어야 했다).

'도대체 저 마음이 얼마나 힘들면 아무것도 아닌 일에 목숨을 걸고 분노를 내뿜을까?'

그 순간, 남편이 화를 내는 배경에 내가 복음을 전하는 걸 싫어하는 어두움의 영이 있음을 직감했다. 거기에 속고 있는 남편을 그냥 둘 수가 없어서 지혜를 구했다. 그동안 다른 영혼들에게는 복음을 전하고, 기도사역으로 그들의 마음 문이 열려서 회복되는 걸 많이 보았는데, 그에게는 복음으로도, 기도로도 다가갈 수가 없었다. 그는 마치 바윗돌 같았다. 자신의 생각 속에 규정해놓은 하나님이 최고라는 믿음 때문이었다.

남편에게 복음을 전하다

지혜를 구하며 기도하던 중에 갑자기 친구에게서 들은 게 생각났다. 그때가 밤 11시가 조금 넘었는데 나는 말없이 안방으로 들어가 여행용 가방에 헤어 드라이기만 넣고 거실로 끌고 나왔다. 그동안 남편이 아무리 괴롭혀도 한 번도 집을 나가야겠다고 생각해본 적이 없었다. 그러나 나는 도저히 이런 삶이 계속되어서는 안 되겠다고 판단했다.

그래서 차 열쇠를 챙겨들고 빈 가방을 끌고 남편 앞을 통과하는데 그와 눈이 딱 마주쳤다. 나는 눈으로 '당신과 더 이상 살기 싫어, 이제 마지막이야'라고 말하며 그의 앞을 말없이 지나갔다. 30년 동안 살면서 내가 이런 모습을 한 번도 보인 적이 없었기에 남편은 당황해하며 내게서 차 열쇠를 낚아챘다. 그가 빈 가방을 낚아채지 않은 걸 다행이라고 생각하며 내가 말했다.

"오늘이 우리가 함께하는 마지막 시간이에요. 아무 원망 없이 내가 떠나겠어요."

차분하고 낮은 목소리로 말하자 진짜처럼 들렸는지 남편이 어찌할 바를 몰라 했다. 그가 열쇠를 감추며 내게 대화를 하자고 했다. 내 연극에 완전히 속은 거였다.

"지금까지 많은 대화를 했지만 당신은 일방통행이었어요. 자기 고집과 주장만 내세우고 내 말을 듣지 않았어요. 더 이상 대화할 필요가 없어요."

그러자 남편이 간절한 목소리로 말했다.

"이제 나도 당신이 믿는 하나님을 만나보겠으니 떠나지 말라고…."

그동안 한 번도 본 적이 없는 모습이었다. 그래서 나는 생각했다.

'그래, 이렇게 낮아졌을 때 이 사람에게 복음을 전하고 내가 체험한 성령님의 역사하심을 간증하고 알려야 되겠다.'

사역을 하는 10년 동안 많은 간증이 있었으나 한 번도 남편과 대화나 나눔을 하지 못했다. 복음을 전하기만 하면 화부터 내던 남편이 내가 떠난다고 하니 내 말을 경청하는 순한 양이 되었다. 나는 기도하는 마음으로 성령님에 대해 그에게 설명하고 그동안 있었던 간증도 했다. 그러자 평생 처음으로 남편이 놀라운 말을 했다.

"당신이 말할 때 절망과 낙심으로 분노가 일던 내 마음이 갑자기 평안해지면서 하나님의 음성으로 받아들여졌어."

나는 하나님께 정말 감사했다. 놀라운 성령님의 운행하심이었다. 나는 하나님의 도우심에 힘을 내어 더 열심히 사랑과 긍휼함으로 말씀을 전했다. 사탄의 전략을 전하며, 우리 안에 어떤 영이 일하는지 성령님의 도우심으로 분별해야 한다고 말했다. 그러자 남편이 더 놀라운 말을 하는 게 아닌가!

"당신이 사탄의 정체를 말할 때까지만 해도 내 머리가 복잡하고 무거웠는데 당신이 전하는 말씀에 순종하고 내 생각을 내려놓자 그 사탄이 떠나간 것 같은 확신이 들었어. 머리가 맑아지고, 불안과 염려와 걱정이 한순간에 사라졌어."

그는 성령의 역사도 사탄의 역사도 절대 믿지 않던 사람이었다. 그런데 성령께서 임재하여 남편을 구해주셨다. 내가 그를 보며 눈물을 흘리면서 말했다.

"바로 내가 경험하는 일들을 오늘 당신이 경험한 거예요. 하나님께서 앞으로 더 많은 체험을 하게 하실 거예요. 훌륭하고 귀한 믿음으로 성장케 하실 거예요."

그리고 남편을 안고 아버지께서 주신 은혜를 함께 기뻐했다.

그 후 남편은 정말 놀라울 정도로 달라졌다. 그래서 때를 놓칠세라 제주 열방대학으로 제자훈련을 받으러 가자고 하니 흔쾌히 승낙했다. 이전에는 '왜 금쪽같은 시간을 그런 데 가서 헛되이 보내야 하는지 이해하지 못하겠다'라고 하던 그였다.

하나님께서는 우리가 마음의 문을 열고 주님을 받아들이기를 기다리신다. 자유 의지를 주신 이유가 바로 우리 인격을 최대한 존중하시기 때문이다. 그래서 성경 말씀에도 우리 마음에는 육신의 소욕과 성령의 소욕이 서로 대적한다고 했다(갈 5:17 참조). 우리는 영의 생각으로, 생명과 평안으로 내 영혼을 가득 채워서 사망으로 인도하는 육신의 생각을 과감히 물리쳐야 한다.

이것을 '영성'이라고 하며 '영의 됨됨이'라고도 한다. 즉 내 영의 주인이 되시는 성령님의 통치하심을 받아 그분과 교제가 끊임없이 활발히 일어나고 있는 상태를 말한다. 그러므로 영성이 있어야 하나님의 말씀인 성경대로 살 수 있다. 그러려면 말씀으로 내 영이 깨어나야 한다. 또 그 말씀으로 내가 하나님과 교제할 수 없는 상태임을 분별해야 한다.

영적 존재라 함은 '하나님께서 그분의 형상으로 우리를 창조한 존귀한 존재'라는 뜻이다. 우리는 하나님의 본질인 사랑으로 말미암은 최고의 존재로 창조되었다. 그러나 그분의 형상으로 회복되어야 하고, 또 회복되었음에도 우리를 무너뜨리려 하는 원수들이 있다는 걸 확실히 알아야 한다.

상실의 상처 치유

제주 열방대학에서 제자훈련을 함께 받았던 한 형제의 이야기다. 예수제자훈련학교(CDTS)에 입학한 우리 부부에게는 사람도 환경도 모두 낯설었다. 캐나다의 삶이 몸에 배어서인지 한국이 낯선 곳이 되어버렸다.

긴장감 속에서 입학한 첫날, 오른쪽 맨 앞줄에 서서 눈물을 흘리면서 예배를 드리는 한 자매를 보았다. 예배를 드리면서 은혜를 받고 감동이 되어 눈물을 흘리는 것처럼 보이기도 했는데, 나는 왠지 그녀에게 애틋한 마음이 들었다. 그래서 그녀를 마음에 품게 되었고, 격려하고 위로해야겠다고 생각했다. 그리고 자매의 바로 옆에 남편인 듯한 형제도 보았다. 이상하게 그 둘이 내 마음에 와 닿았다. 나중에 알고 보니 형제는 큰 사역을 하는 한국 교계의 리더였다.

'우리 부부처럼 오랫동안 영적 전쟁을 하다가 온 사람들일까? 왜 저리 슬프게 보일까?'

얼마 후 형제가 심한 우울증을 앓고 있다는 걸 알게 되었다. 그 때문에 형제는 아침 강의 시간에 많이 빠졌다. 학교 원칙은 몇 분만 지각해도 앞에 나가서 용서를 구해야 했다.

초빙된 뛰어난 강사들을 통해 주옥같은 강의를 경청하는 건 대단한 복이었다. 그 시간에 마치 예수님이 나를 품 안에 안고 다독거리며 위로해주시는 것처럼 기쁘고 평안했다. 특히 강의를 듣고 강퍅했던 남편이 확연히 달라졌다. 그의 옛 언행과 모습이 바뀌기 시작했다. 변화된 남편이 사랑으로 그 형제를 보살피기 시작했다.

남편이 그보다 여섯 살이나 많았지만 아침마다 그 방에 가서 형제를 데리고 수업에 왔다. 평소에 말이 전혀 없던 형제도 남편의 말은 잘 따라주었다. 그때부터 졸업할 때까지 내가 얼굴을 보기 힘들 정도로 남편은 형제만 챙겼다. 나는 그게 더 기뻤다.

그런데 형제의 눈빛과 행동에서 아내를 멀리하는 게 비쳤다. 나는 10년 이상 내적치유사역을 하다가 갔기에 형제의 상태를 분별할 수 있었다. 형제는 상처로 인해 어두움의 영에 짓눌려 있었다. 강의 시간과 나눔 시간과 식사 시간에도 아내를 쳐다보는 눈빛이 차가웠고, 그녀와 함께하지 않았다. 자매가 남편을 애틋한 사랑의 눈빛으로 바라보며 눈물과 인내로 참는 모습이 애처로웠다. 시간이 지나 이들에게 무슨 일이 일어났는지 알 수 있었다.

형제는 몇 년 전에 첫 부인과 사별했다고 한다. 그런데 평생 그녀를 고생시켰다는 것과 위험한 수술을 적극적으로 말리지 못한 데 대한 죄책감이 있다고 했다. 극도로 약해진 몸으로 수술을 받는 게 위험하기에 망설이던 중에 아내의 결심으로 수술하게 되었다고 한다.

그런데 10시간의 수술 끝에 회복하지 못한 채 중환자실에서만 3개월을 머물다 마지막 인사도 나누지 못하고 아내가 숨을 거뒀다는 충격과 애통한 마음이 형제에게 우울증으로 나타났다(사람들은 영적 지도자가 어찌 우울증이 걸리느냐고 말할 수도 있지만 사역자의 가정은 더 외롭고 고독할 수 있다. 아픈 마음이 있어도 목회자에 대한 성도들의 기대 때문에 표현하지 못해 우울증이 다른 사람들보다 몇 배 더 높게 나타난다). 그런 가운데 주위의 권유로 재혼을 했는데 치유받지 못한 상태였기에 우울증이 더 심해져갔다.

나는 사연을 알고부터 더 간절히 기도했다. 그리고 남편은 형제를 돕기 위해 계획을 세웠다. 우울증에는 운동이 도움이 된다고 하여 아침, 점심, 저녁을 먹은 후 잠자기 전에 한 시간씩 함께 걸었다. 남편은 형제를 아침마다 깨워 강의 시간을 지키고, 함께 산책을 다녔다.

또 산책을 다닐 때 들었던 강의를 다시 형제에게 들려주었다. 평생 설교를 해온 형제가 대단히 겸손하다는 생각이 들었다. 내가 형제에게 물었다.

"형제님, 혹시 몽구 형제가 귀찮게 하는 건 아닌가요?"

"절대 그렇지 않습니다. 오히려 그가 말을 시켜주고, 강의 내용도 들려주어 정말 도움이 됩니다."

형제의 진솔한 대답이 겸손하게 비쳐져서 감사했다. 날마다 조금씩 건강이 회복됨에도 불구하고 형제는 여전히 아내에게 차갑게 대했다. 함께 식사하는 것은 물론이고 산책도, 이야기도 하지 않았다. 우울증 때문이었다. 나는 이들의 모습이 안타까워 더 간절히 기도했다.

어느 날, 자신의 상처를 치유하고 마음 문을 여는 시간이 있었다. 어린 시절을 거쳐오면서 사회에 나와 관계 속에서 받은 상처를 꺼내어 발표하며 치료받는 시간이 있었다. 형제가 무엇에 대해 이야기할지 망설이기에 남편이 다가가서 "돌아가신 부인을 마음에서 보내드리는 게 좋겠습니다"라고 조언했더니 그렇게 하겠다고 했다.

35명의 학생들은 각자에게 주어진 1시간 동안의 치유 시간에 써온 편지를 읽었다. 그 시간에 엄청난 상처들을 토해내고 위로받는 치유가 일어났다. 눈물 없이 들을 수 없는 아픈 상처를 주님이 임재하셔서 고치시는 시간이었다.

그 형제도 나와서 편지를 읽었다. 소천한 부인에게 사죄하는 내용이었다(현재 부인인 자매에게 오해가 없도록 미리 말해주었다. 남편을 진심으로 사랑하는 자매는 모든 것을 이해했다. 정말 마음이 넓고 귀한 자매였다).

형제의 편지 내용은 매우 슬펐다. 좋은 곳에 함께 여행을 다닌 적이 없어서 미안하다고 했고, 아내의 동의 없이 사람들을 몇 달 동안 집에 거하게 했는데도 불평 한마디 없이 인내하며 묵묵히 따라와주어 고마웠다고 했다. 그리고 끝까지 수술을 말리지 못해서 미안하다고도 했다.

모인 사람들에게 공감대가 형성되어 그의 이야기로만 듣지 않고 모두의 이야기로 들었다. 또 부부가 함께 있을 때 서로에게 잘하라는 주님의 메시지로 받았다. 편지를 읽으며 마음의 상처가 만져졌는지 형제의 선하고 아름다운 얼굴에 화색이 돌았다.

인도로 향하라

하나님께서 인도를 향한 마음을 주셔서 우리 부부는 인도로 전도 여행을 가기로 결정했다. 예수전도단은 항상 모든 걸 결정할 때 하나님의 음성을 듣고 정한다. 그렇기에 말씀 훈련과 영성 훈련을 함께한다. '하나님의 음성'이라고 하면 부정적으로 반응하고 거부감을 갖는 사람들이 있다. 살아 계신 주님을 만난 흔적이 없는 사람은 주님의 음성을 듣기가 어렵다.

성령님은 우리의 마음에 세미한 음성을 들려주신다. 그러나 많은 사람들이 이 음성에 별로 관심이 없을 뿐더러 잘 모르고 살아간다. 거기에서 그치는 게 아니라 음성을 듣는 걸 비판하고 또 신비주의로 치부하며 성령의 능력을 제한해버린다.

우리는 주님의 음성에 순종하여 인도로 향했다. '인도 드림팀'이라는 이름으로, 3명의 아이들과 12명의 어른, 총15명이 함께 떠났다. 우리가 제주 베이스를 떠날 때 사람들은 우리 팀을 '오합지졸 팀'이라고 부르며 불쌍해했다고 한다. 특별한 재능을 가진 팀원들과 개성이 강한 훈련생들이 많았기 때문이다.

3개월의 강의 기간 동안 내면에 잠재되어 있던 각 팀원들의 상처가 전도여행 기간에 많이 나타난다고 선배 간사님들이 조언했다. 다툼과 분쟁, 토라지고 분리되는 등 기가 막힌 관계 훈련을 받는 게 바로 전도여행이라고 했다. 하지만 속으로 '우리 안에 무슨 상처가 그리 많을까' 하고 생각했다. 각자의 상처로 인해 앞으로 어떤 일이 일어나게 될지 그때까지는 아무도 몰랐다.

우리는 인도로 향하면서 선교에 대한 열망과 그곳을 금세 복음화시킬 수 있을 거라는 열의에 불타 있었다. 그런데 이내 선배들의 말이 무슨 뜻인지 알게 되었다. 전도여행을 준비하는 과정에서부터 문제가 생겼다.

전도여행 기간이 한 달이기 때문에 팀원들이 먹을 수 있는 반찬과 라면과 전기밥솥을 준비해가자는 의견이 나왔다. 그런데 대다수의 팀원들은 로마에 가서는 로마법을 따라야 한다며 순종의 정신으로 인도 현지인들이 먹는 음식을 먹으며 선교해야 한다고 했다. 그래서 아무것도 준비하지 않아도 된다는 의견이 더 우세했다. 팀 리더와 주방 팀장을 겸임한 나로서는 다수의 의견을 받아들일 수밖에 없었다.

하지만 아프리카에 가본 경험이 있는 나는 인도에 갈 때도 '최소한의 준비는 해야 하지 않을까'라는 생각을 했다. 그래서 다음 날 밤에 아무도 모르게 일어나서 부추김치와 깍두기를 담아 몰래 인도에 가져갔다.

인도에 도착해서 나를 웃게 하는 일이 일어났다. 첫 식사로 시커먼 카레가 나왔다. 특유의 향신료 향이 진해서 도저히 먹을 수가 없었다. 팀원들의 눈치를 보니 다들 배가 고픈지 예민해져서 불평과 불만이 튀어나왔다. 나는 현지 음식을 먹어야 한다고 했던 이들의 얼굴을 바라보며 미소를 지었다. 비상 반찬을 준비해가는 건 비굴한 거라며 가장 목소리를 높였던 사람이 바로 남편이었다.

팀원들 대부분이 식사를 거의 하지 못했지만 나는 몰래 준비해간 김치를 내놓지 않았다. 다음 날이 되자 얼굴들이 다 핼쑥해졌다. 이틀 후에 나는 시장에 가서 야채를 사와서 아무도 모르게 비빔밥 재료를 만들었다. 팀원들을 먹일 생각을 하니 너무나 기뻤다. 나는 그들을 놀라게 해주려고 밤새 몰래 만들었다.

그들이 오기 전에 비빔밥과 부추김치와 깍두기를 차려놓고 기다렸다. 드디어 식당에 한 사람씩 들어오며 차려진 음식을 보고 놀라워하더니 허겁지겁 먹었다. 맛있는 음식이 들어가니 금세 얼굴에 화색이 돌았다. 그들의 정서가 풀어지는 걸 보면서 하나님께 감사했다.

몇 주가 지나자 사역이 점점 힘들어졌다. 게다가 열악한 환경에도 지쳐갈 때쯤 각자의 상처가 드러나기 시작했다. 한 사람 한 사람은 훌륭하고 손색이 없었지만 공동체 생활에서 다듬어지지 않은 모습이 속속들이 드러났다.

나는 그들을 위해 주님께 기도했다. 한 사람씩 이름을 부르며 기도했고, 하나님께서 주시는 음성을 듣고, 한 명당 두 쪽가량 되는 기도문을 적었다. 그리고 주님께서 주신 음성을 가지고 개인 면담을 했다. 중국 선교사인 한 형제를 위해 기도할 때, 그가 내가 쓴 것을 읽으며 그의 내면에 있던 상처들이 드러나서 눈물을 흘리고, 토하고, 소리를 지르며 상처가 치유되는 걸 목격했다. 그는 위로와 격려로 찾아오신 성령님의 사랑으로 치유되고 회복되었다.

농아의 입이 열리다

경제적으로 풍요로운 우리와 비교할 때 인도는 어떤 희망도 없는 것처럼 보였다. 빈민촌의 광경은 보는 것만으로도 눈물이 났다. 극도의 빈곤으로 살 집은 물론이고 먹을 것과 입을 게 없었다. 그곳에서 나는 앞으로의 사역 방향을 다시 확인했다. 잃어버린 영혼을 찾아 주의 사랑으로 복음을 전하고 그들을 구제하리라고.

우리 팀은 한 빈민촌에서 사역을 하게 됐다. 조그마한 방에 80여 명의 아이들이 모여 있었는데 더운 날씨에 공기마저 탁해서 방 안이 숨쉬기 힘들 만큼 답답했다. 그러나 이곳에 오기 위해 멀리서 걸어온 아이들이 있기에 참고 있었다.

우리는 사역 후에 아이들을 안고 기도하는 시간을 가졌다. 꿈도 비전도 없는 아이들에게 종이비행기를 만들어 각자의 이름과 꿈을 적어서 날려 보내며 하나님께 기도하는 법을 가르쳤다. 기도한 소감을 묻자 몇 명의 아이들이 간호사, 경찰, 사업가, 교사가 되고 싶다고 말했다.

아이들의 소망이 너무도 확실하여 그 꿈을 꼭 이룬 것 같아서 우리는 함께 기뻐했다. 그런데 한 아이가 일어나서 뭔가를 말하려는 듯 우리를 보고 서 있었다. 나는 그 아이에게 물었다.

"너는 이름이 뭐니, 꿈이 뭐니?"

그런데 그 아이는 쳐다만 볼 뿐 아무 말도 하지 않았다. 나중에 현지 선생님이 말하길 청각장애인이라고 했다. 순간, 나는 마음이 몹시 아팠다.

'저 아이가 이곳에 온 건 분명히 하나님의 뜻이 있을 거야!'

사역을 마치고 우리 팀 전원이 한 아이씩 안고 기도했다. 그때 팀원들이 연일 계속되는 사역 일정과 열악한 환경과 관계 훈련으로 힘든 시기를 보내고 있던 터라 나는 하나님의 역사하심으로 그들에게 위로와 격려가 되는 계기를 주시길 기도했다. 모두 지쳤지만 한 생명 한 생명을 위해 간절하게 부르짖었다. 작은 방이 금세 기도의 열기로 가득 찼다.

나는 그 청각장애 아이를 품에 안고 기도했다. 여덟 살인 아이가 다섯 살 정도의 몸집 밖에 되지 않았다. 나는 아이를 위해 주님께 눈물로 간절히 부르짖었다.

"주님이시라면 그 놀라운 능력으로 이 불쌍한 아이를 낫게 해주실 수 있습니다. 지금 이 시간에 꼭 고쳐주십시오!"

아이를 사랑하고 애통하는 마음으로 기도하고 또 기도했다. 통곡의 눈물이 나기 시작할 때 아이가 고침을 받았다는 확신이 들었다. 주님이 주신 음성이었다. 그 음성에 한 치의 의심도 없이 선포했다. 주님께서 이미 고쳐주셨다는 걸 믿으며 감사기도를 한 후에 아이에게 말했다.

"얘야! 예수님께서 너를 고쳐주셨단다. 너는 이제부터 네 귀로 들을 수 있고, 네 입으로 하고 싶은 말을 할 수 있단다."

나는 아이가 알아듣든 못 알아듣든 상관하지 않고, 그의 귀에 한국어로 속삭였다.

"자, 따라해 봐! 아, 야, 어, 여, 오, 요, 우, 유, 으, 이!"

그렇게 한글의 모음을 가르쳐주며 따라해보라고 하자, 그 아이가 정말 그대로 따라하는 게 아닌가! 주님께서 고쳐주실 걸 확신하고 선포했지만 실제로 내 눈앞에서 그 일이 일어나니 정말 놀라웠다.

'어? 이상하네. 얘가 정말 따라하네.'

나는 다시 한 번 해보았다. 아이는 내가 가르쳐준 그대로 정확히 소리 내어 따라했다. 주님이 역사하셔서 결과를 보여주셨건만 우리는 끊임없이 성령님의 역사를 의심한다. 나는 현지인 선생님을 불러 확인에 들어갔다.

"당신이 이 아이가 청각장애아라고 분명히 말했는데 지금 이 아이가 말을 합니다. 보세요. 아, 야, 어, 여, 오, 요, 우, 유, 으, 이.”

또 아이가 현지인 선생님 앞에서 그대로 따라했다. 그것은 아이의 귀가 열리고 입이 트였다는 증거였다. 현지인 선생님은 아이에게 수화로 물었다.

“언제부터 귀에 소리가 들려서 따라하게 되었니?”

아이가 수화로 대답했다.

“이 여자 분이 나를 안고 기도할 때부터 귀가 들리고 말을 할 수 있게 됐어요.”

자신의 의사를 정확히 표현했다. 그 말을 통역으로 전해 듣고 나도 모르게 큰소리로 외쳤다.

“할렐루야!”

그러자 아이도 “할렐루야”를 따라했고, 내가 감사해서 “아멘” 하고 외치니 아이도 “아멘”이라고 했다. 팀원들은 기도하다 말고 전부 그 광경을 지켜보았다. 이 치유 장면을 카메라에 담은 팀원도 있었다. 아이가 치유되는 역사를 통해 사역에 지쳐 있던 우리는 힘을 얻었고, 성령님의 역사하심에 크게 도전을 받아 회복되었다.

그 후 하나님께서 내게도 큰 깨달음을 주셨다. 항상 간절하고 애통해하는 마음으로 기도하고, 주님이 반드시 고쳐주실 거라는 믿음으로 기도해야 한다는 것을. 하지만 막상 현장에서 기도할 때는 마음이 흔들리곤 했다. 그러나 그날, 나는 틀림없이 일하시는 주님을 보았고, 늘 겸손한 백부장의 믿음으로 무장해야 됨을 깨달았다.

말씀과 체험적 신앙

사실 인도에 가기 전에 하나님께서 우울증을 앓던 그 형제가 완전히 치유될 거라는 음성을 들려주셨다. 형제가 인도에 가본 적이 있다고 해서 우리도 인도로 정했다. 그것이 하나님의 뜻이고 음성이라고 생각했다. 그런데 그들 부부의 마음은 여전히 합쳐지지 못한 상태였다. 형제의 우울증이 회복되지 않으면 이후에 하게 될 목회도 힘들고, 가정도 유지하기가 힘들어 보였다.

형제의 상황을 이해한 교회가 회복의 차원으로 보낸 곳이 바로 CDTS였다. 나는 그 교회가 귀하다고 생각한다. 끝까지 자신들의 목회자를 존중하고 회복을 기다려준 성도들이 참 귀하다. 물론 형제도 그 교회를 수년 동안 충성으로 섬긴 겸손한 목회자였다.

우리 부부는 인도에 함께 가자고 형제에게 권유했다. 산책하면서 나 역시 형제에게 같이 가자고 말했다. 그런데 그가 두려움이 있다고 했다. 자신의 건강이 좋지 않아서 열악한 인도에 갈 생각만 해도 힘들다고 했다. 나는 그가 이해가 되었다. 그런데 전도여행비를 지불해야 하는 시기가 왔는데도 형제의 마음이 전혀 움직이지 않았다.

그래서 자매가 매일 눈물로 기도했다. 하루는 남편과 형제가 바닷가로 산책을 갔는데 남편이 인도로 전도여행을 가지 않으려면 바다에 함께 빠지자고 엄포를 놓았다. 순수하고 선한 형제는 그 간절한 사랑에 감동되어 결국 우리와 함께 인도로 가게 되었다.

그 후 우리는 열악한 인도의 환경 속에서 각자 관계 훈련을 받았다. 인도에서도 형제의 회복을 훼방하는 악한 영들의 무리가 아내와의 관계에서 영적 전쟁을 일으키기도 했다. 그럴 때마다 우리는 그들을 위로하며 함께했다.

그런데 그 영적 전쟁이 있고 난 후부터 형제가 많이 달라졌다. 우리가 보기에도 눈빛이 달라지고 그전보다 훨씬 건강해보였다. 말수가 적었던 그가 말이 많아졌다. 인도의 현지인 교회에서 영어 설교도 척척 잘해냈다. 우울증이 이전보다도 빨리 회복되고 있었다.

팀원들과 남편과 나는 정말 기뻐했다. 그가 건강이 회복되고 훈련이 끝나면 영의 양식을 먹일 수많은 양 떼가 기다리는 목장으로 돌아가야 하기에 더욱더 주님께 기도했다. 솔직히 그를 돕기로 한 목적은 그를 기다리는 양 떼를 위해서였다. 한 목자가 영적으로 회복되면 하나님의 크신 뜻이 이루어질 거라는 걸 알기 때문이다.

그 형제와 남편도 농아가 치유되는 성령의 역사하심을 같은 공간에서 간접적으로 경험했다. 이후 전도여행을 하는 동안 그가 정말 건강해지고 회복이 빨리 되어 감사했다. 그런데 형제가 아무런 체험 없이 교회로 돌아갈 걸 생각하니 아쉬웠다. 우리는 전도여행을 하면서 아침 묵상과 중보기도와 예배를 꼭 드려야 했다. 하루는 그 시간에 그동안 내가 성령의 역사를 체험했던 간증을 했다.

그때 형제의 얼굴을 보니 얼마나 열심히 경청하고 집중하며 듣는지 내 마음이 감동이 되었다. 원래 강의 시간에도 강사를 쳐다보지 않고 고개를 숙이고 눈을 맞추는 일이 없는데 내가 간증할 때는 얼굴을 들고 집중했다. 그를 포함해 팀원 모두 간증을 통해서라도 성령님의 역사하심의 은혜를 체험한 모습이라서 정말 감사했다.

두 개의 간증을 준비했는데 목이 아파서 하나는 다음에 하겠다고 했더니 그가 내게 다가와서 말했다.

"내일 중보기도 시간에도 윤희자매님의 간증을 꼭 들려주세요."

나는 하나님의 음성으로 받아들이고 준비했다. 다음 날에도 하나님의 역사하심을 간증하니 모두들 은혜를 받고 얼굴이 상기되어 있었다. 간증을 하면서 나는 속으로 기도했다.

'아버지, 오늘이 마지막이고, 곧 졸업할 터인데 형제님이 간증만 듣고 그칠 게 아니라 하나님을 직접 체험하게 해주세요.'

간절히 그를 위해 기도했다. 그때 나이가 많은 순서대로 두 명씩 나와 기도하라고 주님이 말씀하셨다. 그대로 순종했다. 나이 순서로는 남편이 제일 많았고, 두 번째가 형제였다. 우리는 둘을 에워싸고 기도했다. 가운데로 나와서 무릎을 꿇은 형제의 겸손함에 우리는 감동해서 눈물을 흘렸다. 주님께서 이끄시는 역사 앞에 형제의 아내의 눈에도 눈물이 흘렀다.

우리 팀은 간절히, 그리고 사랑하는 마음으로 둘을 위해 기도했다. 형제의 어깨와 등과 손에 팀원들이 손을 대고 한마음으로 통성으로 기도했다. 얼마나 오랫동안 기도했는지 눈물바다를 이루었다. 순간, 형제의 입술에서 하늘의 언어가 나오고 해와 같이 빛나는 얼굴로 회복되었다. 하나님의 은혜를 형제도 체험한 것이다(그는 성경을 200번이나 읽었다고 했다. 그의 삶이 말씀을 이루는 삶이 될 것이며, 성령의 사역이 펼쳐질 것을 믿었다)!

남편과 나는 5개월간의 훈련을 수료하고 캐나다로 오기 위해 잠시 동생 집에 머물렀다. 그때 그 형제 부부의 근황이 궁금해서 주일에 몰래 그 교회 예배에 참석했다. 오랜만에 강단 위에 선 형제는 담대한 모습으로 주옥같은 은혜의 메시지를 선포했다.

몇 년이 지난 지금, 그는 완전히 회복하여 교계의 큰 권위자가 되었다. 나는 겸손하고 순종하는 그의 모습 속에서 주님의 인도하심을 보았다. 하나님께서 그의 가정과 사역 위에 더 크신 권능으로 세워주실 것을 믿는다.

중국 심양에서의 사역

2012년에 중국 심양에서 부르심이 있었다. 조선족을 대상으로 한 강의에 DTS 강사로 초청받아 남편과 함께 방문했다. 그곳은 내가 사역자로서 처음 강의와 기도사역을 시작한 곳이기도 하다.

우리가 제주에서 CDTS 훈련을 받기 위해 준비하고 있을 때, 아프리카의 한 선교사님을 통해 25명의 선교사님들에게 기도사역을 한 적이 있다. 사역을 통해 위로와 격려를 받고 회복이 된 한 선교사님이 나를 추천했다. 선교사님에게서 메일을 받기 일주일 전에 이미 하나님께서 내게 알려주신 음성이 있었다.

'열방에서 네 이름을 부를 것이다. 순종하라!'

아침 묵상 시간에 들은 주님의 부드러운 음성이 내 마음에 감동으로 전해져 왔다. 많은 사람들은 주의 음성을 듣고도 내 생각인지 주님의 음성인지를 확인받고 싶어 한다. 그래서 훈련을 통해 주의 선하신 뜻을 분별해야 한다. 분명히 믿고 확신하며 주님이 이루실 때까지 기다려야 한다.

음성을 들은 지 일주일이 지나 장 선교사님에게서 메일이 왔다. 제자훈련이 끝나는 즉시 중국 심양에 가서 강의와 기도사역을 해주기를 부탁했다. 하나님께서 주신 음성이기에 가기로 결심했다. 그런데 심양으로 떠나기 5일 전에 캘거리에서 남편이 졸음 운전을 하다가 주차된 차를 들이받아 폐차가 될 정도로 큰 교통사고가 났다.

다행히 남편은 아무 이상이 없었다. 주님께서 보호하셨다는 생각이 들었다. 남편은 심양에 가기 싫어 마음에 불평이 가득 차 있었다. 우리는 자비량 선교사이기 때문에 늘 재정에 신경을 써야 했는데, 그로 인한 불만이 컸다.

그런데 사고가 나면서 남편은 자신이 순종하지 못했던 걸 회개했고, 살려주신 하나님께 감사했다. 또 이를 계기로 자신을 돌아보게 되었고, 다시는 불순종하지 않겠다고 다짐했다.

남편과 함께 간 심양에서는 DTS 학생들은 물론이고, 조선족교회와 삼자교회로까지 사역이 확장되어 많은 사람들이 회복되는 내적치유가 일어났다. 또 내 인생의 첫 강의를 그곳에서 하게 되었다. 그런데 놀랍게도 5일 동안의 강의를 통해 누구보다 남편이 큰 은혜를 받았다.

칭찬에 인색한 그가 은혜를 받았다고 하니 용기가 절로 났다. 성령께서 그의 마음에 생명의 말씀을 부어주셔서 처음 갈 때의 얼굴이 아닌 밝고 자유한 모습이 되었다. 정말 신기하고 놀라울 따름이었다.

그 일로 나는 깨달았다.

'내가 강의를 잘해서 은혜를 받는 게 아니라 듣는 영혼의 마음 문이 열려야 하는구나.'

하지만 좋은 강의나 말씀을 들었다고 해서 그것이 반드시 열매 맺는 삶으로 이어지지는 않는다. 우리의 영이 깨어나 하나님의 형상과 주님의 성품이 나를 통해 드러나야 한다. 그러기 위해서는 살아 계신 하나님의 말씀을 통해 주님을 만나는 체험이 있어야 한다. 그것이 성령충만한 삶으로 길을 열어준다. 이는 내 삶이 성령의 통치함을 온전히 받는 걸 말한다.

또 강단 위에 선 통로된 자가 상처에서 회복되지 않으면 가시가 나올 수 있다. 은사가 있다고 해서 가시가 나오지 말란 법이 없기 때문이다. 물을 흘려보내는 관이 깨지고 이끼가 끼고 녹이 슬었다면 물과 함께 녹이 흘러가고, 그 물을 마시는 자들이 다 병들게 마련이다. 그러면 병이 또 다른 사람에게 흘러가는데 그것이 곧 상처이다.

그러므로 늘 제단을 성령께 내어드리고 그분이 친히 운행하셔서 각 영혼들에게 충만히 임하시도록 순종하는 참된 통로가 되어야 한다. 심양에서의 사역을 통해 내가 세상의 지식을 전하는 통로가 아닌 성령의 참 진리를 선포하는 통로가 되어야 함을 깊이 깨달았다.

외곬수의 놀라운 변화

남편은 자신도 알 수 없었던 그의 내면을 알기까지 길고 큰 고난을 겪었다. 서로 인정하고 주고받는 대화가 아닌, 매사에 자기 생각만을 끊임없이 말하고 일방적으로 선포하는 기질 때문에 관계 속에서 상처를 주고받는 경우가 허다했다.

특히 권위자들에게 상처를 받으면서 한동안 교회를 떠나기도 했다. 그의 안에 억울함이 쌓여 자기 방어가 심해졌으며, 원칙주의자로 변해버렸다. 일방적으로 자기 말만 끊임없이 쏟아내는 외곬수가 되었다. 매사에 부정적인 생각으로 남을 비판해서 사람들이 그를 피했다.

남편의 그릇은 놀라울 정도로 컸지만 공동체에 적응하지 못함으로 묻혀버렸다. 이 때문에 그는 숱한 마음고생과 분쟁에 휘말리는 고역을 치르기도 했다. 어떤 일로 권위자에게 서운한 감정이 생겨서 시험에 들기도 했다.

어느 날, 우리가 사역을 떠나는 걸 알리는 광고가 교회 주보에 나갔는데 '허몽구', 그의 이름이 빠졌다. 남편에게는 수년간 치유되지 않은 소외감과 거절감이 있었다. 그래서 자신을 무시해서 이름을 일부러 빠뜨린 거라며 화를 냈다.

그는 예배를 마치고 나오시는 목사님에게 달려가 "왜 나를 성의 없이 대우하느냐"라고 항의했다. 일주일 후면 순회사역을 떠나야 하는데 그가 문제를 만들고 있었다. 나는 얼마나 민망하고 부끄러운지 남편을 달래서 간신히 집으로 돌아왔지만 가슴이 아팠다.

말없이 며칠을 보내고, 나는 남편을 대신해 목사님께 사과와 위로의 말씀을 전했다. 다행히 목사님은 포용과 배려가 충만한 인격자이셔서 자신이 세밀히 신경쓰지 못했다며 도리어 용서를 구하며 나를 위로해주셨다.

며칠 후 남편과 독대한 나는 나지막한 목소리로 말했다.

"당신이 권위자에 대해 상처가 있는 걸 아세요? 상처의 무덤은 사탄의 집이에요. 그래서 언제 어디서든 폭발하는 권세를 부려요. 그 상처가 낫지 않고서는 사역할 수가 없어요. 내적치유사역자인 우리가 오히려 사람들에게 상처를 줄 수 있기 때문이에요. 그래서 떠나는 건 주님이 원하시지 않을 거예요. 하지만 나는 당신의 아픈 마음을 이해해요. 평생 동안 당신을 홀로 아프게 하고 제대로 된 위로를 하지 못해서 정말 미안해요."

내 말을 듣고 남편이 말했다.

"지금 당신이 말할 때 뇌리에서 시커먼 먹구름이 걷히면서, 시원한 바람이 불어와 내 마음이 회복되는 걸 느꼈어. 그동안 내가 얼마나 어리석었는지 부끄러워서 쥐구멍에라도 숨고 싶은 심정이야."

그리고 그는 크게 회개했다. 사탄의 세력들이 우는 사자처럼 남편의 연약한 틈을 노리고 들어왔던 것이다. 우리가 사역을 가는 걸 방해하고, 또 관계를 사망 가운데 빠뜨리게 하려는 전략이었다. "선 줄 생각하는 자는 넘어질까 조심하라"(고전 10:12)라는 말씀대로 남편이 나와 함께 사역자로 섰을 때 영적으로 피폐함이 없도록 분별해야 함을 깨달았다. 분별하지 못하면 누구나 다 넘어질 수밖에 없다.

남편은 자신이 권위자에게 상처가 있음을 인정했다(상처는 곧 죄이기 때문에 인정해야 성령께서 치유하신다). 그리고 목사님께 바로 전화를 드렸다.

"목사님, 부족하고 못난 저를 용서하십시오. 제 상처로 인해 힘들게 해드려서 죄송합니다. 아내와 대화하는 중에 저를 돌아보게 되었습니다."

그는 정중히 용서를 구했다. 내가 또 남편에게 제안했다.

"당신의 상처가 치유되었음을 교인들 앞에서 선포해요. 그것이 온전한 치유와 회복의 길이 될 거예요."

그래서 남편은 주일에 수백 명의 교인들 앞에 섰다.

"여러분, 저희는 내일 떠납니다. 선교하러 가는 것보다 제가 더 주 안에서 성찰되고 훈련받으러 가는 것입니다. 더 겸손해져서 돌아오겠습니다. 지난주에 제 상처로 인해 불미스러운 일이 있었습니다. 전적으로 제 잘못된 오해요, 다듬어지지 못한 성품 때문이었습니다. 여러분께 용서를 구합니다. 부족한 저희 부부가 가는 길을 위해 기도해 주시기를 부탁드립니다. 감사합니다. 사랑합니다."

내적치유가 되어 변화된 남편의 진실한 고백이었다. 가시 같은 상처로 인해 늘 부정적이던 그가 통회하는 가운데 주님을 만나면서 완전히 변화되었다. 그의 입술에서 진리만이 선포되기를 원하셨던 주님께서 다듬어지지 않았던 그의 기질과 정체성을 그분의 방법으로 새롭게 해주셨다. 그의 강함이 부드러움으로, 분노가 온화함으로, 부정적인 말과 사고가 긍정적으로 변화되었다.

CHAPTER 05

응답하시다

10년 기도의 응답

2012년 4월에 제주에서 5개월 넘는 훈련을 마쳤다. 그리고 캐나다로 들어오기 위해 수원의 동생 집에 잠시 머물 때였다. 인도의 김홍진 선교사님에게서 메일이 한 통 왔다.

한국에 볼일이 있어서 잠깐 나왔다며 나를 만나러 수원까지 오셨다. 그리고 선교사님은 팀들과 함께 개척한 14개 YWAM 베이스 중 우선 4개 지역을 순회하며 현지인 DTS와 새로 세운 인도 시니어 CDTS에서 강의와 기도사역을 해달라고 제안했다. 엄청난 사역이어서 나와 남편은 놀라고 당황했다. 세상의 눈으로 볼 때 나는 나이도 많고, 잘 알려지지도 않은 평범한 여성이었기 때문이다.

"선교사님, 제가 간증은 많이 했지만 강단 위에서 설교나 강의를 해본 적이 없습니다."

그러나 선교사님은 사랑과 신뢰를 담아 말씀했다.

"하나님께 받으시고 가지신 그대로 하시면 됩니다. 그러면 주님이 기뻐하시고, 그것만으로도 충분합니다. 오셔서 마음대로 하시면 됩니다."

내가 부족하다고 거절할 수가 없었다. 기도한 지 10년 만에 이루어진 놀라운 응답이었기 때문이다.

'주님께서 나를 이렇게 세우시는구나. 그러면 성령께서 인도하시는 대로 순종하면 되겠구나!'

선교사님이 세상의 조건을 보시지 않고 나를 DTS 제자훈련의 강사와 기도사역자로 세우기까지 주님의 마음으로 행하신 것임을 알았다. 그래서 내가 선교사님보다 열세 살이나 많지만 이 분을 신앙의 멘토로 생각하게 되었다. 나를 세워준 것에 대한 감사 때문이 아니라 그 분이 이룬 믿음의 열매를 보았기 때문이다.

선교사님은 다른 사람들이 품지 못해 내쳐지거나 원수 된 자도 다 거두었다. 주님의 사랑으로 끝까지 인내하며 도와주고 기다려줬을 때 그 사랑과 관심을 통해 그 사람이 변화되었다. 고집이 세고, 외롭고, 고독하고, 소외된 자들이 주님께 쓰임 받는 제자로 변화되는 걸 지켜보았다.

너희가 만일 너희를 사랑하는 자만을 사랑하면 칭찬 받을 것이 무엇이냐 죄인들도 사랑하는 자는 사랑하느니라 눅 6:32

이 세상에서 제일 중요한 게 '사랑'이다. 예수님께서 당시 하찮게 여겨지던 어부와 세리를 제자로 훈련시키시며 세상에 세우셨을 때도 사랑으로 하셨다. 훌륭한 지식과 명성, 좋은 학벌과 집안으로 세워지는 건 세상의 방법이다. 하나님의 방법은 예수님으로 인해 의의 핍박을 당한 자나 고난을 통과한 자들이 그분의 제자로 세워진다. 이는 주를 위해 고난을 통과한 사람만이 주님을 증거하고 순종할 수 있기 때문이다.

> 의를 위하여 박해를 받은 자는 복이 있나니 천국이 그들의 것임이라 나로 말미암아 너희를 욕하고 박해하고 거짓으로 너희를 거슬러 모든 악한 말을 할 때에는 너희에게 복이 있나니 기뻐하고 즐거워하라 하늘에서 너희의 상이 큼이라 너희 전에 있던 선지자들도 이같이 박해하였느니라 마 5:10-12

2013년 2월 초, 인도의 그레이트노이다 베이스로 사역을 가게 됐다. 그곳에서 놀라운 성령의 나타나심이 있었다. 함께했던 김홍진 선교사님도 놀라워했다. 나 역시 주의 음성을 듣고 순종한 것밖에 없는데 성령께서 친히 일하시는 것을 보고 놀라움을 금치 못했다.

내 기도사역을 통해 자신도 몰랐던 과거의 상처가 치유되는 걸 보고 선교사님이 이 사역을 '내적치유사역'이라고 불러주셨다. 그때부터 나는 '내적치유 기도사역자'가 되었다. 이것이 주님이 세우시는 방법이다. 지식으로 내적치유를 가르치는 게 아니고, 직접 성령께서 그분의 자녀들을 치유하시는 은사사역이다.

세 번 버려진 아이

인도의 여러 지역을 순회하며 많은 사람들이 회복되었지만 그중에서도 내적치유를 크게 받은 한 자매의 이야기를 전하고 싶다. 맑고 큰 눈을 가진 그녀는 별다른 상처가 없어보였다. 그녀를 위해 기도하는데 하나님께서 말씀하셨다.

"내 딸아, 그동안 얼마나 힘들었느냐? 너는 부모가 있지만 없는 것보다 못하구나. 그들에게 버림받아 그 거절감이 두려움이 되었고, 그로 인해 열등감과 피해 의식을 갖게 되었구나. 사람을 만날 때도 상처받을까 봐 두려워서 늘 먼저 거절했구나. 그래서 네 남편과 이웃에게 한 번도 진심으로 다가가지 못했지. 네 살 된 어린아이의 모습에서 더 자라지 못했단다. 자라지 못한 그 아이가 울고 있구나. 내 사랑하는 딸아, 내가 너를 자유하게 해줄 것이다. 그 우물 안에서 나오라. 물도 빛도 없는 그곳에서 나오라!"

기도하는 동안 자매는 통곡했고, 방언이 터져 나왔다. 한참 동안 콧물과 눈물이 범벅이 되어 계속 울었다. 그러더니 가슴이 답답하다면서 가래침을 뱉고 기침을 했다. 나는 그녀의 옆에서 사랑으로 쓰다듬어주며 함께 동감하며 울어주었다.

거의 한 시간 반 동안 그녀는 목 밑과 가슴이 답답하여 숨을 쉴 수 없다고 했다. 나는 사탄이 그녀를 잡고 있는 걸 알고 끝까지 대적기도를 했다.

"이 악하고 더러운 영, 거절감의 영, 두려움의 영아! 이 딸에게 더 이상 머물지 말고 떠나가라. 예수님의 이름으로 명령하노니, 물러갈지어다. 심령이 깨끗해질지어다!"

그러자 자매가 "아!" 하며 바닥에 쓰러졌다. 그리고 평생 마음에 묶여 있던 모든 두려움이 다 떠나갔다고 소리쳤다. 갑자기 그녀의 입에서 찬양이 흘러나왔다. 그녀도 그 찬양이 무엇인 줄 모르고 불렀다. 방언 찬양이 임하여 부르고 있었던 것이다.

그녀가 자신의 과거를 내게 들려주었다. 어릴 때 친어머니에게 버림받아 큰 상처를 안고 있었다. 아버지와 재혼한 새어머니가 그녀를 고아원에 맡기면서 또 한 번의 버림을 받았다. 말도 못하는 아기가 두 번이나 버려진 것이다. 그 후에 아버지가 고아원에서 그녀를 찾아와 외딴섬에 있는 친할머니에게 데려다주며 거의 방치되다시피 외롭게 자랐다. 세 번째로 버려진 셈이었다.

언젠가 남편도 자신을 버릴 수 있다는 생각에 자신이 먼저 그를 떠나야겠다고 생각하고 항상 떠날 준비를 했다고 한다. 그러나 기도 중에 이 안타까운 일이 자신의 상처 때문이라는 걸 알게 되었다. 자신에게 상처를 준 사람들로 인해 힘들게 살았지만, 그 상처로 잘못 살아온 자신도 알게 되었다. 성령의 조명하심 아래 돌아보게 된 것이다. 나는 그녀를 꼭 끌어안고 기도를 해주었다.

그녀가 회개함으로 영이 회복되자 상처를 준 모든 사람들을 용서할 수 있을 것 같다고 말했다. 그리고 그다음 날, 밝고 환한 얼굴로 내 앞에 나타났다. 그녀가 말했다.

"어제 하나님의 음성을 듣고, 저를 버렸던 사람들에게 전화를 했어요. 그리고 그들을 죽도록 미워했던 제 마음에 대해 그들에게 용서를 구했어요."

그 후부터 그녀의 마음이 평안해졌고 삶이 완전히 달라졌다. 감사하게도 지금 그녀는 수많은 이웃을 사랑하고 섬기는 주님의 제자가 되었다.

기도사역자와 강사로 초빙받다

2013년에 인도에서 사역하는 동안 주님께서 귀한 종을 만날 수 있는 은혜를 주셨다. 강사로 오신 홍성건 목사님을 만난 것이다.

그 1년 전에 제주 열방대학에서 훈련받을 때 홍 목사님께 성령 하나님에 대한 강의를 들었다. 그때 내가 받은 은사를 점검하고 확인할 수 있었다. 강의를 듣고 앞으로 가야 할 길과 순종해야 할 일들을 준비하고 기도해야겠다고 결단했다.

그러던 어느 날, 새벽에 저절로 눈이 떠졌다. 기도하려고 생각을 가다듬고 있는데 갑자기 하나님께서 어떤 장면을 보여주셨다. 비포장도로가 보이고, 저만치서 말을 타고 오는 사람이 보였다. 그런데 말이 지쳐서 더 이상 갈 수 없을 듯 보였다. 너무나 먼 길을 달려온 것 같았다. 그러자 할 수 없이 말을 타고 있던 사람이 내렸다.

그의 슬픈 마음이 내게 느껴졌다. 그가 홍성건 목사님이었다. 한 번도 주 안에서 교제하거나 만난 적이 없었고, 먼발치에서 강의를 들으면서 얼굴을 익혔을 뿐이었다. 그런데 하나님께서 이 환상을 왜 내게 보여주셨는지 며칠 후에야 알게 되었다.

그날은 베이스 안이 약간 술렁였다. 식당에 갔더니 식탁이 다 치워져 있었고, 외부 손님들로 꽉 차 있었다. 이임식과 취임식을 겸한 행사가 있다고 했다. 순간, 하나님께서 보여주신 장면이 생각났다. 홍성건 목사님이 예수전도단을 이임하시는 걸 미리 보여주신 거였다.

나는 캐나다에 오래 살다보니 예수전도단의 상황에 대해서 전혀 알지도 못했고, 이곳 베이스에서도 알 길이 없어서 당황스러웠다. 그러나 기도를 통해 하나님의 뜻을 알게 되었다.

그 일이 있은 2주 후에 아침에 묵상을 하는데 하나님께서 또 다른 장면을 보여주셨다. 인공위성에서 바라본 지구의 모습 같았다. 갑자기 한곳이 확대되어 보였는데 바로 한국이었다. 특히 북한의 평양에 초점이 맞춰져 있었다. 푸르른 잔디로 뒤덮인 북한 땅을 주님이 품에 안고 계셨다. 그리고 음성을 들려주셨다.

"잔디는 '평화'를 의미한다. 평화를 위해 그동안 훈련되고 준비된 수많은 참 제자들이 평양으로 파송될 것이다. 제자들을 훈련하고 북한의 평화를 위해 기도하라. 그때 이 아들을 세울 것이다."

그러고는 잔디에 '홍성건'이라고 크게 쓰여 있는 걸 보여주셨다. 나는 이 기도를 목사님께 꼭 전하고 싶었다. 그러나 길이 없어 내 기도 노트에 상세히 적어놓기만 했다. 그날부터 나는 목사님을 위해 기도하기 시작했다.

그리고 2013년에 인도에서 사역하고 있을 때 뵙게 된 것이다. 김홍진 선교사님이 홍 목사님을 주말에 잠깐 뵐 수 있도록 해주셨다(일전에 그레이터노이다 베이스에 며칠 더 머물게 되었고, 같은 곳에 머무셨던 홍목사님과 교제하게 된 것이다).

목사님은 영적 권위가 충만한 분 같았다. 부드럽고 담대한 카리스마가 있는 아주 절제된 모습이셨다. 그리고 너무나 선한 인상과 잘생긴 얼굴이 인상 깊었다. 또한 통찰력이 대단한 분임을 눈빛을 통해알 수 있었다. 서로 만날 기회가 전혀 없는 사람들인데 캐나다와 한국을 떠나와 인도에서 만나게 해주신 하나님께 감사드렸다.

나는 하나님께서 주신 기도를 홍 목사님에게 전해드리고 싶었다. 그러나 환상으로 본 이 기도를 믿어주실지 내심 갈등이 되어 말씀드리지 않기로 혼자 결정했다.

목사님과 아침 식사를 하면서 남편과 나는 각자 소개를 하고 제주 열방대학에서 제자훈련을 받게 된 동기와 은사를 받은 후에 겪었던 고난에 대해 이야기했다.

홍 목사님의 강의를 통해 큰 은혜를 받았으며, 지금까지 해왔던 사역에 대해 점검하고 확인받을 수 있었다고 말했다. 물론 목사님이 묻지도 않은 말을 남편이 두서없이 한꺼번에 쏟아낸 거였다. 그럼에도 목사님은 말없이 미소 지으며 오랫동안 경청해주셨다.

그런 겸손하고 온유한 모습을 보며 권위자들에게 받았던 내 안의 아픔의 상처가 회복되고 치유가 일어났다. 참 신기한 일이었다. 그래서 용기를 내어 1년 전에 하나님께서 보여주신 기도를 조심스럽게 말씀드렸다. 목사님은 기도의 내용을 겸손히 받으시면서 자신도 똑같은 비전을 받았다고 하셨다. 정말 놀라웠다.

그렇게 홍 목사님과 짧게 교제한 후에 나는 인도의 다른 세 지역에서 기쁨으로 사역했다. 가는 곳마다 엄청난 주의 은혜가 임하는 현장을 체험하고, 기쁨으로 캐나다로 돌아왔다.

2주가 지난 어느 날, 홍 목사님이 메일을 주셨다. NCMN(Nations-Changer Movement & Network) 말레이시아 지도자 스쿨을 여는데 나를 기도사역자와 강사로 초빙하고 싶다고 하셨다. 참으로 놀라운 하나님의 역사하심이었다.

목사님 주위에는 평생 동안 함께 동역해온 기도사역자나 강사들이 많다는 걸 나는 알고 있었다. 그런데 오직 하나님의 마음으로 바라보시고, 나를 세워주신 거였다. 또 감사하게도 내가 가장 기쁨으로 할 수 있는 중요한 사역을 주셨다.

나는 이론으로 강의를 잘 하지 못한다. 이론이 정말 필요한 건 알지만 사람을 완전히 변화시키지는 못한다. 성령님께서 실제 현장에서 직접 사역하셔서 치유되고 회복된 수많은 사람들의 체험적 증거가 바로 이론을 초월한 성령님의 능력이시기 때문이다. 나는 오직 하나님께서 하시는 사역임을 증거하는 통로일 뿐이다.

한국에서의 첫 교회사역

태국에서 컨퍼런스에 참석한 후 NCMN 말레이시아 사역을 하기로 했다. 그런데 갑자기 일정이 취소되었다고 말레이시아의 박계현 선교사님(예수전도단 전 PDTS 교장)이 연락을 주었다. 그래서 홍 목사님이 이 사역을 한국 교회에서 할 수 있도록 추천해주기를 박 선교사님에게 부탁하셨다.

박 선교사님은 12년 이상 친분을 맺고 있던 인천 양문교회의 김영환 목사님을 내게 소개하면서 사역의 여부를 물어오셨다. 그때까지 나는 주로 선교지에서 사역했고, 한 번도 정식으로 교회에서 강의와 기도사역을 한 적이 없었다. 그래서 갑자기 염려가 되었다. 하나님의 음성을 듣는 기도사역을 전통적 교회에서는 아직 해보지 않았기 때문이었다.

'지식과 체험 신앙 사이에서 오해가 생기면 어쩌나?'

이런 생각에 좀 부담스러웠다. 그런데 방콕에서 함께 사역하던 김홍진 선교사님이 "하나님께서 이 사역을 한국 교회에 알리기 원하시는 것 같다"라며 기도하고 순종하라고 조언해주셨다. 또 홍 목사님은 말씀에 능통하고 훌륭한 영성을 지닌 권위자이며, 아무나 추천하는 분이 아니라고 했다. 그런데 부족한 나를 신뢰하고 세워주시니 주님의 은혜로 받고 감사했다.

나는 골방으로 가서 이것을 두고 기도했다.

'한국 교회의 목회자들을 위로하고 회복시키기 위해 가라!'

이 음성을 듣고 갑자기 자신감이 생기면서 담대해졌다. 그리고 약 6년 전에 들려주신 음성도 생각이 났다. 그때 한 교회의 반원형의 예배실 강단 위에서 담대하게 간증하고 설교하는 내 모습을 보여주셨다. 앉아 있던 수많은 사람들이 은혜의 눈물을 흘리고 있었는데 주께서 그들이 다 목회자들이라고 말씀하셨다.

주님은 목회자들을 위로하고 회복시키는 데 사용하시려고 나를 10여 년 동안 훈련시켰다고 말씀하셨다. 주님이 사랑하시는 기름부은 주의 종들을 회복하고 치유하고 싶어 하셨다. 그들이 영적으로 회복되어야 많은 영혼들과 한국 교회가 회복될 것이기 때문이었다.

하지만 하나님께서 보여주신 건 당시 내 형편과 처지에서는 전혀 맞지 않았다. 평신도인데다 설교라고는 한 번도 해본 적 없는, 아무것도 모르는 사람이었다. 그러나 하나님께서는 정확히 6년 후 그분의 음성대로 나를 세우셨다. 남편은 하나님의 뜻이라며 한국행 비행기 표를 끊었고, 나는 두렵고 떨렸지만 순종하기로 결심했다.

먼저 양문교회의 김영환 목사님에게 사역을 소개했다. 성령님이 주시는 음성을 받아 내적치유하는 초자연적인 기도사역이며, 실제로 일어난 간증을 토대로 강의하는 사역이라고 말씀드렸다. 또 한 사람당 10분 정도의 기도사역을 한다고 덧붙였다. 목사님은 기도의 응답이라며 이 집회를 열게 되어 기쁘고 정말 기대가 된다고 반겨주셨다.

목사님은 지난 11년 동안 갈급한 심령으로 내적치유사역에 대해 기도하며 기다렸다고 하셨다. 이론이 아니고 실제 현장에서 성령의 능력에 힘입어 내적치유가 이루어지는 사역자를 찾고 있었다고. 그래서 박계현 선교사님께 자문을 구했더니 나를 소개해주셨다고 한다. 하나님은 많은 영적 지도자들을 예비하셔서 그들을 통로 삼아 부족한 나를 세우셨다.

이것이 하나님의 방법이다. 평신도가 은사를 받았다고 해서 쉽게 강단에 세우지 않는다. 영적으로 뛰어난 권위자들에게는 통찰력의 은사가 있는데, 그것으로 분별하여 추천하고 세워주시는 거라고 생각한다. 주님께서 잃어버린 영혼들을 회복시키시려고 그들의 마음을 움직이신 걸 나는 안다. 이것이 얼마나 감사한지 모른다.

김영환 목사님은 누구보다도 내적치유에 대해 이론과 지식적으로 훤히 꿰고 있는 분이셨다. 하지만 이 방법 저 방법으로 접했지만 자신도 교인들도 변화되지는 않아 갈급함이 극에 달했다고 했다. 나는 이런 사모함을 가진 양문교회에서 첫 사역을 하게 하신 주님께 감사했다.

어린 시절의 상처 회복

나는 사역을 통해 많은 걸 깨달았다. 인간은 이론만으로는 절대 변화되지 않는다. 지식은 반드시 필요하지만 아는 데만 그친다면 우리의 감성과 지성만 충족시킬 뿐이다. 오직 성령님의 만지심으로 인해 치유되고 회복되어 변화된 영혼만이 예수님의 삶을 따라갈 수 있다. 그러나 실제로 역사하시는 성령님의 능력을 우리의 의지와 생각으로 제한하고 방치한다는 사실을 알아야 한다. 성령의 임재와 운행하심으로 이루어진 변화가 현장에서도 자유롭게 일어나야 한다.

김영환 목사님도 자신에게 상처가 있다는 걸 PDTS(예수전도단 목회자제자훈련학교)의 다림줄 강의를 통해 알게 되셨다고 한다. 훈련 기간 중 내적치유를 받는 2시간 동안 가슴이 답답하여 말 한마디도 못할 정도로 상처에 갇힌 자신을 발견했다고 한다.

그 상처는 자신의 생각으로 판단하고 자신의 원칙에 어긋나면 이유 없이 분노가 일어나는 거였다. 그런 후에는 후회가 되고 주변 사람들에게 미안한 마음이 들었다고 한다.

목사님도 이런 자신이 싫었다고 했다. 도대체 자신 안에 무엇이 있기에 화가 나고 억울한 생각이 들며, 심하게는 무시당했다는 생각이 드는지 모르겠다고 했다. 그럴 때마다 금식기도를 하기 위해 기도원을 찾았지만 이전과 다르지 않았다고 한다.

목사님은 성령의 조명 아래 자신의 쓴뿌리 상처를 치유받고 싶은 간절함이 있었다. 주위 사람을 탓하는 자신을 돌아보는 그 마음이 정말 귀했다. 이처럼 자신의 상처를 인정하는 건 대단한 겸손이다. 목사님은 겸손한 고백으로 마음 문을 두드리시는 주님께 이미 그 문을 열어드린 거였다.

교회의 목사님들이 열린 신앙으로 문을 열면 함께하는 공동체 안의 많은 영혼들이 회복되는 데 큰 통로가 된다. 김 목사님은 한 명이라도 놓치지 않고 기도를 받게 하기 위해 교인들의 명단을 치밀하게 짰다. 교인들을 정말 아끼고 사랑하는 그 모습에 나는 깊은 감동을 받았다.

'저 모습이 어쩌면 길을 잃어버린 양을 찾으시는 예수님의 모습이 아닐까?'

제일 먼저 나는 목사님을 위해 기도를 했다.

"주님 앞에 무릎을 꿇은 이 귀한 종을 주님의 은혜로 치유하시고 회복시켜주시옵소서. 사랑하는 내 아들아, 겸손하고 착하며 거짓이 없는 너를 사랑한다."

잠시 후에 주님이 목사님의 어릴 때 상처를 보여주셨다. 흙탕물이 흐르는 강 위에 다리가 보였고, 그 높은 다리 위에 한 어린아이가 두려움에 꼼짝하지 못한 채 떨고 있었다.

어릴 때의 이런 경험은 생명을 위협할 정도의 큰 사건이다. 그때 두려움이 심령 안으로 들어가 상처의 쓴뿌리가 되고, 그것이 자신감을 없애고 열등감을 유발하기 때문이다. 그래서 관계 안에서 상대가 자신을 무시한다는 오해를 불러일으키고, 화를 내게 된다. 그래도 해결되지 않으면 그와 원수 관계가 되기도 한다.

이 상처는 방치하면 할수록 벽돌이 쌓여가는 것처럼 상처의 무덤을 만들게 된다. 그것이 바로 자존심이다. 이 안에는 자기 원칙과 고정관념이 도사리고 있다. 어둠의 세력이 이것을 조종하여 우리 영의 분별력을 흐리게 한다.

갑자기 목사님이 통곡을 하셨다(이때 흘리는 눈물은 치료제다). 이 기도를 통해 자신의 상처의 쓴뿌리가 어디서부터 왔는지를 분명히 깨달았다고 하셨다. 그리고 간증을 하셨다.

"제가 네 살이었을 때 형님과 누나와 외사촌 누이와 함께 철길을 건너 강으로 고기를 잡으러 갔습니다. 그런데 갑자기 기차가 진입했지요. 철길 아래는 홍수로 흙탕물이 거세게 흐르고 있었습니다. 너무 어려서 피하지도 못하고 겁에 질린 채 그대로 서 있는데 형님이 재빠르게 뛰어와서 간이 대피소로 저를 피신시켜주었지요."

간신히 피신은 했지만 거대한 기차가 기적을 울리며 지나갈 때 어린아이가 혼자 그곳에 있으면서 두려움에 떨었던 것이다. 어릴 때 받았던 이 상처가 성장하면서 피해 의식으로 발전했다.

"또 초등학교와 중학교 시절, 그리고 군대에 가서도 이유 없이 폭행을 많이 당했습니다."

이 많은 아픔들이 자신도 모르게 분노를 일으켰던 것이다. 주님은 사랑으로 핵심적인 상처를 치유해주셨다. 이후 목사님은 곧 상처에서 완전히 회복되셨다. 마음에 감사와 평안함이 차고 넘쳤고, 모든 것에 긍정적인 영의 생각으로 바뀌었다.

그래서 더 이상 목회가 힘들지 않게 되었고, 주님이 주시는 음성으로 설교 초안도 만드신다고 했다. 그리고 그동안 자신을 참고 견뎌준 교인들에게 감사해하셨다. 또 그들을 향해 사랑이 샘솟는다고 하셨다. 이런 목사님의 변화된 모습을 보시고 하나님께서 얼마나 기뻐하셨을까!

목사님은 진리 안에서 자유를 누리며, 하나님의 눈으로 교인들을 바라보고, 아내의 소중함도 알게 되고, 자녀들과의 관계도 새롭게 변화되었다. 이런 변화는 내면의 치유가 이루어져야 가능하며, 그 치료약은 바로 주님의 사랑이다.

교회에서 4일 동안의 집회 중에 많은 교인들이 주님을 만나고 치유와 회복되는 역사가 일어났다. 어디서도 볼 수 없는 아름다운 주님의 나라가 임한 것 같았다.

부탁하지 않는 아들

다음 날, 찬양을 인도하는 한 청년이 눈에 들어왔다. 그의 표정이 어두웠고, 찬양할 때도 기쁨이 없어 보였다. 그가 내게 왔는데 바로 목사님의 아들인 덕윤이었다.

"사랑하는 아들아! 나는 너를 눈동자같이 지켜보고 있단다. 그런데 너는 왜 말이 없느냐? 나와 이야기하자. 네 음성을 듣고 싶단다. 아기 때 강보에 싸인 채 울고 또 울어도 아무도 너를 안아주질 않았구나. 네 주위에 아무도 없는 것 같아 얼마나 무서웠느냐? 너는 있는 힘을 다해 울었지만 아무도 반응하지 않았구나.

그건 네 울음의 의미를 몰랐기 때문이란다. 그래서 네게 거절감의 상처가 있구나. 그것이 열등의식이 되어 네 의견을 주장하고 싶어도 두려워서 말하지 않았구나. 너는 지금까지 누군가에게 질문과 부탁을 한 번도 하지 않았다. 그런데 너도 자신을 거절했던 걸 아느냐? 아무도 너를 알아주지 않는다는 오해로 네 생각을 마음속 깊이 묻어 버렸지.

이제 내가 너를 치유할 것이다. 거절감의 우물 속에서 오랫동안 상처의 쇠사슬에 묶여 있던 내 사랑하는 아들, 덕윤이가 풀려난다. 진리의 빛이 너를 비춘다. 그 빛을 받고 나오라. 내가 너를 안아줄 것이다."

나는 하나님께서 보여주시고 들려주신 음성 그대로 선포했다. 덕윤이는 기도 중에 울고 또 울었다. 현재 갖고 있던 자신의 문제와 마음을 그대로 말씀하기에 큰 위로를 받은 것 같았다.

그동안 가정에서 아버지에게 하고 싶은 말을 다 못하고, 학교에서도 속앓이만 했다고 한다. 그는 평소에도 말이 없는 착한 청년이었다. 그것이 자신의 타고난 성품인 줄 알았다. 하지만 자신도 모르게 잠재된 거절감 때문이었다.

기도를 마치자 목사님과 사모님이 통곡을 하며 아들을 안아주셨다. 그리고 목사님이 간증을 하셨다.

"덕윤이 태어난 지 두서너 달쯤 되었을 때, 아내가 목욕탕에 다녀온다고 내게 맡겼습니다. 그런데 아기가 자꾸 칭얼거렸어요. 우유도 먹이고 기저귀도 갈아주었는데 계속 울었습니다. 저는 '울다가 지치면 자겠지' 하는 생각으로 한쪽에 밀어두었죠. 그런데 2시간 동안이나 계속 아기가 울었습니다."

목사님과 사모님은 아들 앞에 눈물로 용서를 빌었다. 그리고 서로 부둥켜안고 통곡했다. 주님께서 치유하시는 시간이었다. 이후 덕윤이는 회복되어 표정이 달라지고 얼굴에서 빛이 났다. 찬양예배를 인도할 때 자신 없어 하던 모습도 사라졌다. 그의 찬양이 교인들을 은혜의 자리로 인도했다.

다음 날, 목사님이 전날 저녁에 기적이 일어났다고 내게 말했다.

"아이가 처음으로 제게 도움을 청했어요. 침대를 옮기는데 도와달라고요!"

다른 집에서는 일상적인 일이겠지만 이 집에서는 기적이었다. 그동안 목사님은 가족사진을 볼 때도 덕윤이에게는 눈을 맞추지 못했다고 한다. 왠지 아들만 보면 애처롭고 뭔가 자신이 잘못한 것 같은 죄책감이 있었다고 한다. 지금은 온 가족이 회복되어 아름다운 주의 가정으로 변화되었고, 아들은 신학대학교 4학년이 되었다. 그가 주님의 제자가 되어 세상에 큰 영향력을 흘려보낼 걸 나는 확신한다.

양문교회에서 열린 첫 집회가 여러 교회에 알려졌다. 이론이 아닌 실제로 역사하신 일들이 입을 통해 전해져서 사역 제안이 많이 들어왔다. 하나님께서 사역의 지경을 더 넓혀주신 것이다. 잃어버린 영혼을 찾으시는 놀라우신 그분의 사랑이었다.

양문교회 목사님과 온 교인들이 주의 은혜로 치유되고 회복되어 감동을 받았다. 그래서 앞으로 우리 부부가 한국에서 사역을 할 때면 머물 처소가 필요하다며 빌라 한 채를 전세로 얻어주셨다. 성도 수도 많지 않은 작은 교회에서 주님의 은혜에 감사함으로 섬기고 싶다고 해서, 우리는 주님이 주신 선물로 생각하며 감사히 받았다. 이 처소는 캐나다에서 한국에서 사역할 때와 열방의 선교지로 사역을 다니다가 돌아올 때 머무는 베이스가 되었다.

사역의 지경을 넓히시다

양문교회에서 한창 집회를 하고 있는데 한 통의 전화가 왔다. 김미진 간사님이었다. 나는 그녀가 한국에서 인기 있는 강사라는 걸 알고 있었다. 그의 재정 강의는 미국과 캐나다에서도 반응이 대단했다. 그런 분이 내게 전화를 준 게 기적 같았다. 홍성건 목사님과 함께하는 식사에 초대하며, NCMN 간사들과 남편 회사의 직원들을 위해 사역을 해달라고 요청했다.

나는 기쁘게 응했고, 김미진 간사님을 만나게 되었다. 그녀는 꾸밈이 없고 진솔하며 여장부 같은 쾌활한 성품을 가졌고, 내면은 아주 여성스러운 멋쟁이였다. 또한 섬김의 그릇이 크며, 순수하고 겸손해 보였다. 하나님의 눈은 비켜갈 수 없다. 이런 종을 반드시 갈고 닦아 쓰신다.

그녀가 사역했던 한 교회가 작아서 사례비를 도로 헌금하고 갈까 했는데, 하나님께서 내게 흘려보내라고 하셨다고 한다. 그래서 우리 부부를 만나서 그 사례비를 봉투째 주었다. 나와 남편은 당황했지만 하나님께서 하시는 일이라 여기며 감사히 받았다.

언젠가 우리도 그렇게 섬기겠다고 다짐하며 집에 와서 열어보니 그 금액이 얼마 전에 김홍진 선교사님과 함께 간 몽골행 항공 요금과 정확히 일치했다! 정말 놀라우신 하나님의 사랑이었다. 이것이 우리 부부에게는 귀한 간증이 되었다.

그날 간사님의 남편인 정원석 간사님과 함께 베트남에서 사역하고 오신 홍성건 목사님의 환한 얼굴을 대하고 우리는 기쁨의 만남을 마음속 깊이 간직했다.

이후에 캐나다에 돌아오니 김미진 간사님이 메일을 보내왔다.

'홍 목사님께서 선교사님의 사역이 귀하다고 말씀하셨는데 과연 그렇습니다. 선교사님께 기름 부으신 영은 정결하고 날카롭고(정확하고), 사람들을 위로하고 권면하여 회복시키시는 성령님의 아름다운 영입니다. 남편의 회사와 NCMN의 간사들이 하나님의 위로로 세워지고 강건해졌습니다. 더 힘 있게 비전을 향해 나갈 수 있도록 주님의 격려를 받았습니다.'

이 메일은 내게 큰 힘이 되었다. 사역하는 사람들에게 이런 격려는 가뭄으로 메마른 나무에 물을 흠뻑 주는 것과 같다.

이후로 나를 'NCMN 비전 스쿨'에 봄과 가을 시즌마다 세워주서서, 부족하지만 주님만을 의지하며 최선을 다해 순종하고 있다. 홍 목사님과 김 간사님을 통해 사역의 지경이 더 넓어지고, 수많은 사람들이 훈련으로 예수님의 제자들이 되어 동역하게 될 것을 믿는다. 이들을 통해 한국 교회와 성도, 더 나아가 북한과 열방이 회복되기를 간절히 기도한다.

CHAPTER 06

기다리시다

거짓 영의 속임

한국에서 사역하기 위해 머무는 동안에 30대 후반의 한 자매가 찾아왔다. 자매가 은혜를 받아 기쁨으로 기도하면 하나님께서 음성으로 메시지를 주신다고 했다. 그래서 시간이 날 때마다 기도하며, 주님이 주신 많은 예언들을 받아 사람들을 찾아다니며 전해준다고 했다. 그 예언 중의 하나가 과거에 도둑질과 거짓말을 한 것에 대해 회개하라는 메시지라고 했다.

그러면서 많은 시간 동안 기도하기 때문에 늘 피곤하고 지쳐서 일상생활에 무리가 온다고 했다. 그래서 기도를 멈췄으면 좋겠는데 도저히 멈춰지지가 않는다고 했다. 내가 보기에도 무척 피곤해 보였다. 그래서 자신이 받은 은사를 확인받고 싶어 나를 찾아왔다고 했다.

참 난감했지만 일부러 찾아온 자매를 위해 주님의 마음으로 품었다. 그런데 그녀가 말할 때 나를 보는 눈빛이 예사롭지 않았다. 귀신의 장난에 속고 있다는 강한 확신이 들었다. 주님의 긍휼하신 사랑으로 함께 기도했다. 그런데 기도를 시작한 지 30초도 안 되어 자매가 무릎을 세워 일어났다가 앉기를 몇 번씩 하다가 목을 쭉 빼고는 입으로 "우~ 우~" 하는 소리를 내더니 손과 몸을 흔들며 춤추기 시작했다.

번잡하고 시끄러워서 도저히 기도할 수가 없었다. 한참 동안 그런 모습을 바라보며 끝나기를 기다렸다. 귀신들이 함께 기도하는 자들을 조롱하고 훼방하는 거였다. 자매는 약 30분 동안 그렇게 기도했고, 스스로를 대견스러워하는 듯했다.

나는 그녀가 귀신에게 사로잡혀서 지시받고, 조종당하고 있는 걸 더욱 확신하게 되었다. 자매는 내 입에서 하나님의 은혜가 임했다는 말이 나오기를 기다리는 것 같았다. 이럴 때는 현명하고 지혜롭게 말하고 행동해야 한다. 내 생각대로 판단하여 기도에 대해 인정하거나 부정하면 안 된다. 오직 성령께서 역사해주시기를 기도로 구해야 한다.

하나님의 은혜를 받아 메시지를 받은 줄로 착각하는 사람에게 "귀신이 든 것 같아요"라고 말하면 큰 상처를 받는다. 하나님의 음성을 듣고 그 메시지를 사람들에게 함부로 선포하는 권한이 우리에게는 없다. 그것을 사람들에게 전하라는 주님의 음성을 다시 들어야 한다. 모든 걸 성령께서 먼저 하시도록 그 자리를 겸손히 내어드리는 게 순종이다.

그래서 예언의 말씀을 받았을지라도 선반 위에 올려놓고 하나님께서 하실 선한 뜻이 무엇인지 기다려야 한다. '선반 위'라 함은 '마음속 깊숙이 품고 기다려야 한다'라는 의미다. 함부로 사람들에게 말하는 건 겸손하지 못한 행동이다. 어둠의 영들이 주는 생각을 잘못 받아 전하게 되면 사람들은 불안해하고 염려와 걱정을 하게 된다.

결국 거짓의 영들로 인해 분쟁이 일어나고 메시지를 전한 사람과 관계가 분열되는 걸 많이 보았다. 그래서 영분별의 은사를 받으면 성령님의 도우심으로 분별할 수가 있다.

나는 자신에게 일어난 일들을 나누어준 자매가 귀하다고 생각되어 신중하게 말했다.

"자매님, 주님을 믿으시지요?"

그녀는 "네"라고 대답했다.

"우선 새벽까지 기도하는 걸 중단하고, 되도록 잠을 더 자는 게 좋겠습니다. 육신이 매우 피곤해 보입니다. 하나님께서는 우리에게 힘들게 기도를 시키시지 않습니다. 기도를 통해 내 영이 평안하고 감사로 영광을 돌리는 걸 기쁨으로 받으십니다. 그리고 기도를 통해 더 이상 메시지를 받지 말고, 당분간 전하지도 마세요. 지금부터는 자매님에게 주시는 주님의 음성을 기도로 간청해보세요. 자매님을 사랑하시는 주님이 직접 들려주실 거예요. 지금은 더 성숙한 믿음으로 서기 위해 훈련을 받는 것 같아요."

나는 온유하고 부드러운 말로, 그러나 분별함으로 전했다. 받은 은혜를 확신하고 점검받고 싶었던 자매는 크게 실망한 듯 보였다. 나는 그녀가 간 후에 스스로 귀신이 들렸다는 걸 인정하는 분별함을 주시길 주님께 간절히 기도했다. 귀신이 든 자나 상처가 있는 자들이 스스로 인정할 때 치유되는 걸 많이 봐왔기 때문이다.

한 달쯤 후에 한국에서 순회하며 교회에서 집회를 하고 있는데 그 자매에게서 전화가 왔다. 자기가 귀신이 든 것을 알게 되었다고. 기도하다가 귀신의 본색이 드러난 것이다. 자매의 입술로 귀신들이 소리를 내어 알게 되었다고 했다.

귀신들은 자매와 오랫동안 함께했다고 말했다고 한다. 그들이 자신을 사랑한다고 하기도 했다. 하나의 입술로 여러 영들이 동시에 터져 나온 경우다. 자매는 그제야 이것들이 힘들고 피곤할 정도로 기도를 시키고 메시지를 들려주었다는 걸 스스로 분별하게 되었다고 말했다. 참으로 다행스러웠다.

그래서 이 귀신들을 내쫓아달라고 내게 전화한 거였다. 내게는 능력이 없지만 주님께서 함께해주신다면 통로가 되어 순종할 것이니 숙소로 오라고 자매에게 말했다. 나는 주님이 도와주실 거라는 믿음의 확신이 있었다. 그래서 사탄과 졸개 귀신도 전혀 두렵지 않았다. 오히려 자신감이 생겼고 담대해졌다.

자매가 우리 집으로 오는 중에 귀신들과 대화를 했다고 한다.

"너희들, 오늘 내가 박윤희 선교사를 만나게 되면 능력의 기도로 다 쫓아낼 것이다. 왜 내게 들어와서 거짓말을 하느냐?"

그러자 귀신들이 "우리가 너를 얼마나 사랑하는지 아느냐? 네가 하라는 대로 순종할 테니 제발 박윤희에게만 가지 말라"라고 아우성

쳤다고 한다.

귀신이 들린 자들은 괴력이 있다. 그 자매도 평상시는 괜찮다가도 기도할 때는 매번 그 힘에 의해 넘어간다고 했다. 그것을 대비해서 나는 담요를 준비하고 자매를 기다렸다.

초인종이 울리고, 문을 열자마자 자매가 내 발 앞에 쓰러져버렸다. 그래도 내 숙소까지 작정하고 와서 주님의 능력을 구하는 그녀가 대견하고 기특했다. 나는 자매를 안아 담요에 앉혔다.

자매가 오기 전에 주님께 인도하심을 구하기 위해 기도했더니 주님께서 '그 딸에게 갈라디아서 2장 20장을 크게 소리 내어 읽도록 하라'라고 하셨다. 기도하기 전에 이 구절을 크게 소리 내어 자매와 함께 읽었다(이후로도 어둠의 영에게 사로잡힌 사람들을 위해 기도할 때면 이 구절을 읽으라고 하셨다. 그래서 매번 그대로 순종했다).

내가 그리스도와 함께 십자가에 못 박혔나니 그런즉 이제는 내가 사는 것이 아니요 오직 내 안에 그리스도께서 사시는 것이라 이제 내가 육체 가운데 사는 것은 나를 사랑하사 나를 위하여 자기 자신을 버리신 하나님의 아들을 믿는 믿음 안에서 사는 것이라 갈 2:20

많은 사람들이 십자가를 통과하지 않고 교회만 다니면서도 깊은 신앙심을 가진 줄 착각한다. 나 역시 교회만 다니던 종교인이었다. 예수님이 십자가에서 죽으시고 우리를 사망에서 생명으로 옮겨주셨고, 죽어 마땅한 용서 받지 못할 죄인인 우리를 하나님의 은혜로 의인으로 삼아주셨다. 이것을 '칭의'라고 한다. 우리는 거저 주시는 은혜로 믿음으로 구원에 이르게 하신 예수님을 만나야 한다.

영적으로 만난 흔적이 전혀 없는 사람에게 사탄이 쉽게 덤벼들 게 뻔하다. 그래서 먼저 회개기도를 함께했다. 자매는 영의 생각을 따르지 못하고 잠시라도 육신의 생각으로 미혹된 생활을 했던 것을 주님 앞에 통곡하며 회개했다. 너무나 아름다운 모습이었다.

나는 하나님께 순종하며 주님의 능력으로 귀신이 떠나갈 것을 확신하며 대적하여 기도했다. 순간 자매가 뒤로 넘어졌다. 하나님께서 자매가 쓰러질 때 시커먼 죽음의 영이 들것에 실려 떠나가는 걸 보여주셨다. 한참 동안 쓰러져 있는 자매를 쓰다듬어주었다. 얼마나 무섭고 두려웠을까!

자매는 이 체험을 통해 하나님께서 살아 계시다는 것을 확신하게 되었다. 주님의 능력을 믿고 사탄의 묶임에서 자유해진 자매는 바로 마음의 평안을 찾았고, 두려움이 사라졌다고 했다. 사탄의 공략을 받는 사람들은 말씀에 약한 경우가 많기 때문에 그녀에게 성경을 매일 묵상하고, 교회에서 말씀을 배우도록 권했다.

이후 그녀뿐만 아니라 그 가정에도 놀라운 변화가 있었다고 한다. 자녀들에 대한 기대치가 높아서 만날 잔소리만 했던 그녀가 이제는 칭찬과 격려를 아끼지 않으며 양육한다고 했다. 또 남편에게도 순종하며 인내하는 아내가 되었다. 한 영혼을 천하보다도 더 귀하게 여기시는 주님이 승리하셨다!

머리만 만지는 딸

2013년에 인도의 델리 베이스에서 사역하던 현지인 간사의 여동생
이 밤새 기차를 타고 내게 왔다. 그 여동생을 보는 순간, 하나님께서
내게 긴 머리카락을 보여주셨다. 이 머리카락 때문에 큰 스트레스를
받아 집을 나가고 싶다는 자매의 마음을 알게 해주셨다. 그녀와 함
께 기도했다.

"사랑하는 딸아, 너는 사람들의 머리카락에 관심이 많단다. 앞으
로 네가 받은 달란트로 미용사가 되어 많은 사람들을 아름답게 꾸
며줄 것이다. 손재주가 뛰어나서 네 부모를 기쁘게 할 것이다. 너는
아침에 눈을 떠서 제일 먼저 머리를 만지는 걸 시작으로 하루 종일
만지게 될 것이다. 이것이 네 달란트인 것을 기억하고 기뻐하라. 너
는 내가 지키고 인도할 것이다. 부모가 머리만 만지는 너를 걱정하고
있지만 너는 그들에게 신뢰를 얻게 될 것이다. 그들에게 사랑한다고
하라!"

내가 기도할 때 그녀가 눈물을 흘리면서 갑자기 방언을 하기 시작
했다. 한참 울며 기도하더니 간증을 했다.

그녀의 집안은 음료업 대리점을 하는 인도의 부유층이었다. 잘 사
는 만큼 잘 키우고 싶은 게 부모의 마음인지라 딸들에게 기대가 컸

다. 그런데 공부는 하지 않고 하루 종일 머리만 만지고 있는 딸을 볼 때마다 야단을 쳤다고 한다. 그래서 집을 떠나 도망가고 싶은 마음이 늘 있던 차에 언니가 오라고 해서 밤새 기차를 타고 왔다고 했다.

자신의 미래에 대해 막막해하고 있었는데 미용에 대한 달란트가 있다는 주님의 음성을 듣고 큰 위로를 받았다고 했다. 그녀가 밝은 얼굴로 말했다.

"이제 제가 하고 싶은 게 무엇인지 정확히 알게 됐고, 결정할 수 있을 것 같아 정말 기뻐요. 부모님을 기쁘게 하는 딸이 되고 싶고, 그러기 위해 기도해야겠어요."

나는 그녀를 위해 기도하면서 하나님의 마음을 알게 되었다. 나 역시 자녀들을 내 소유인 양 내 방식과 기대대로 키우려고 했던 걸 늦게나마 회개했다.

이 세상의 많은 부모들은 자신의 기대치와 세상의 영광을 위해 자신이 이루지 못한 꿈을 자식이 대신 이뤄주길 원한다. 그래서 자녀들이 무엇에 관심이 있는지, 어떤 재능을 타고났는지에 관심이 거의 없다. 그저 세상의 영광을 위해 공부만 잘하라고 부담을 준다.

아이들은 하나님께서 주신 달란트를 가지고 태어나기 때문에 재능과 소질대로 키우는 게 그분께 순종하는 삶이다. 자녀들은 부모의 소유가 아니라 주님께서 주신 소중한 선물이다. 그러나 정작 그 선물을 기뻐해야 할 부모가 받고도 기쁨이 없다. 선물을 때리고 버리고 야단치고 책망하여 망가뜨려 그 가치를 잃어버리게 하고 있지는 않은지 생각해봐야 한다.

영의 생각으로 세상을 향해 영향을 끼치는 자로 자녀를 키우는 게 진정한 하나님의 사람이다. 자녀들을 하나님이 지으신 그대로 인정해야 한다. 또 자녀에게 '네가 호흡할 수 있고, 나와 함께 있어서 감사하다'라고 고백해야 한다. 이것은 주님께서 우리에게 행하시는 방법이기도 하다.

믿음이 성숙해지다

2013년 4월, 몇 개월간의 순회사역을 잘 마치고 캐나다 캘거리로 돌아왔다. 모든 것이 주님의 인도하심이었다. 순종하고 떠난 것밖에 없는데 큰 은혜를 받았다. 사역을 하면서 우리 부부는 더 변화되었고, 기쁨이 충만해졌다.

특히 남편은 내가 기도사역을 하는 동안 많은 사람들이 주님의 음성을 듣고 치유받는 모습을 보고 늘 놀라워했다. 어떨 땐 그 음성을 자신에게 하는 말씀으로 받아 더 큰 변화를 받았다. 사역을 방해하고 배척했던 그가 적극 동참하며 기쁨으로 중보하기 시작했다.

어느 날, 남편이 내게 고백했다.

"내 하나님은 내 생각 안의 지식적인 하나님이었고, 당신의 하나님은 살아 계신 생명의 하나님이시네."

그는 변화된 후에 많은 사람들을 주께 이끄는 통로가 되었다.

교회의 한 셀(구역)에서 우리에게 순회사역의 은혜를 나눠주길 부탁했다. 그래서 성령님의 역사하심으로 내적치유를 받고 회복된 영혼들에 대한 이야기와 우리에게 세상의 것을 내려놓게 하심으로 진정한 자유와 평강을 얻게 하신 간증을 했다.

간증을 마치자 한 형제가 손을 들고 질문했다. 그는 얼굴이 어둡고, 곧 쓰러질 듯 맥이 빠져 보였다.

"어떻게 하면 저도 두 분이 만난 하나님을 만날 수 있습니까?"

그의 얼굴에서 간절히 하나님을 만나고 싶어 하는 사모함을 읽을 수 있었다(그때 남편이 그 형제를 마음에 품게 되었다고 나중에 말했다). 그 질문에 답하려면 상당한 시간이 필요했다. 그래서 다음에 다시 만나서 남편이 변하게 된 계기와 우리 부부가 함께 사역을 하게 된 것을 간증하기로 했다.

다음 날, 남편은 그가 계속 생각이 난다며 전화를 걸었다. 그가 너무나 반가워했다. 남편은 그를 만나서 3시간 동안 간증하며, 나를 만나보라고 권유했다고 한다. 며칠이 지나서 그가 나를 집으로 초대했다. 그래서 그의 부인과 두 딸(10세, 6세)도 만나게 되었다.

서울대 박사이며 한국의 한 연구소에서 일하고 있는 그는 가족들과 함께 2년 정도 캘거리에 머물 예정이라고 했다. 그동안 내가 만난 사람들 중에 학벌이 높거나 세상에서 잘나가는 사람들은 성령에 대해 받아들이지 못하는 경우가 많았다. 그러나 그는 살아 계신 하나님을 정말 만나고 싶어 했다. 눈에 보이지 않는 성령님을 받아들이기 힘들 수도 있었을 텐데 내 간증을 그대로 받아들였다.

그는 정말 순수한 지성인이었다. 그리고 무릎을 꿇고 기도를 받길 원했다. 그는 이미 마음 문을 열고 기다리고 있었다. 우리는 그의 겸손함에 놀랐다. 나는 사랑의 마음으로 간절히 기도했다.

"나는 천하보다도 너를 더 사랑한단다. 네 미래가 그리 두려우냐? 내가 그것을 없애주겠노라. 너는 나를 사랑하기보다 네 꿈을 이루기를 더 원했구나. 그래서 그 꿈이 이루어지지 않을 때마다 좌절했다. 그때 내가 너와 함께했고, 너를 지켰다. 네 마음에 억울한 상처가 큰 벽 안에 아픔으로 잠재되어 있구나. 거기에 갇혀서 나오지 못하는 너를 빛 가운데로 드러내줄 것이다.

내가 주는 영원한 생명으로 기쁨을 회복하게 될 것이다. 너는 최고가 되기 위해 오기로 공부했고, 그것이 네 마지막 꿈이었지. 사랑하는 아들아, 내가 너를 최고로 세워줄 것이다. 그러기 위해서는 네가 잘할 수 있다는 네 의를 내려놓기를 원하노라. 빛과 말씀과 사랑으로 너를 치유한다. 이루지 못한 꿈을 내 십자가에 내려놓으라. 내가 네게 그 꿈을 이루게 할 것이다. 네가 받은 고난은 헛된 게 아니다. 내가 너를 내 제자로 쓸 것이다."

들려주시는 음성을 그대로 선포하니 그가 울면서 내 무릎에 쓰러졌다. 끊임없이 토해내는 통곡이 마음에서 흘러나왔다. 그러면서 "하나님, 용서해주세요"를 외치며 방언이 터져 나오고, 강한 성령의 임재하심이 있었다. 그는 한참 동안 울며 통회했다.

"지난 10년 동안 힘든 삶을 살았습니다. 좋은 연구소에 다니고 있지만 항상 대학 교수가 되고 싶었어요. 어릴 때부터 간직한 꿈이었거든요. 그것을 향해 열심히 공부했지만 네 번이나 좌절되었습니다. 꼭 되어야 할 차례에도 되지 않으니 억울하고, 오기가 나서 그 꿈에 더 집착했죠."

그러면 그럴수록 자존감은 낮아지고 열등감만 생겨 차라리 죽고 싶었다고 했다. 그에게 우선순위는 아내나 아이들이 아닌 자신의 꿈이었다. 그런데 그 꿈마저 매번 좌절되면서 한없이 연약해진 가장의 모습은 가족들에게도 큰 상처로 남았다. 아내도 그가 그만 내려놓기를 바랐다. 주님은 그의 아내에게도 위로의 음성을 들려주셨다.

"남편을 칭찬하고 위로하라. 그 안에는 어린아이인 남편이 울고 있다. 너는 그를 회복시키는 데 큰 통로가 될 것이다."

기도가 끝난 후 그는 반드시 이루고 말리라는 꿈을 내려놓으니 어둠의 쇠사슬에서 풀려난 기분이라고 했다. 그의 얼굴이 해같이 빛나고 아름다웠다. 은혜를 받은 후에 그가 선물로 받은 방언으로 얼마나 열심히 기도하는지, 날마다 말씀을 이루고 살아가는 간증이 늘어났다.

그들은 지금 한국에서 주님이 주시는 은혜로 기쁘게 살고 있다. 그의 아내가 집에서 몇 명과 하던 영어 과외 모임이 몇 달 만에 학원을 차릴 수 있을 정도로 학생 수가 늘었다고 한다. 또 그는 연구소에서 신우회를 결성하여 중보기도를 하고 있다고 한다. 그는 언젠가 나와 순회사역을 함께하기를 기다리며 기도하고 있다. 그의 앞날에 주님의 인도하심이 크고 놀랍게 임하기를 늘 기도한다.

내 사랑을 채우리라

많은 사역 중에서도 나는 NCMN 비전스쿨 사역을 기쁨으로 섬기고 있다. 봄과 가을, 일 년에 두 번 3일 동안 치러지는데, 학생들과 간사들까지 100여 명 정도가 참여한다. 그때마다 개인기도사역을 10분씩 하는데 많은 사람들 중에서도 유난히 기억에 남는 자매들이 있었다.

하나님의 역사하심으로 치유된 훈련생들의 간증을 듣고 피드백을 했다면 더 많은 이야기가 있었을 테지만, 그들을 위해 기도하고 나면 다음 집회 일정 때문에 바로 그곳을 떠나야 했다. 그러나 이 두 자매는 기도를 받은 후에 다시 나를 찾아와 기억에 남았다.

한 자매가 기도실로 들어왔는데 얼굴에 어둠이 드리워져 있었다. 그러나 그녀는 많은 사람들을 섬기고 주님께 순종하고자 했다. 그것이 그녀의 온몸을 통해 느껴졌다. 또한 이 시간을 얼마나 애타게 기다렸는지도 알 수 있었다. 이 모습이 주님을 간절히 만나고 싶어 하는 자매의 소망이라고 생각된다.

나 역시 기도할 때마다 주님의 마음을 품고 영혼들을 위해 기도할 수 있도록 최선을 다해 준비한다. 바로 이것이 '영혼 사랑'이다. 주님의 사랑을 받은 우리는 반드시 그 사랑을 흘려보내야 한다. 통로 된 사역자는 어떤 일이건 반드시 사랑으로 순종해야 한다. 책망하거나 욕설하거나 비난하고 나무라는 일은 결코 있을 수가 없다(가끔 축사를 한다고 때리며 안찰하는 경우가 있다. 그러나 어둠의 영은 육신을 때린다고 나가지 않는다. 오직 주님의 사랑으로 사역에 임해야 한다). 나는 주님의 놀라운 사랑을 흘려보내기 위해 그 자매를 위해 기도했다.

"내 사랑하는 딸아, 너는 부지런하며, 지혜롭고, 착한 딸임을 인정하노라. 그러나 너는 자존감이 낮아서 늘 많은 사람 앞에서는 자신감이 없구나. 이것이 네 상처로 인한 열등감이다. 너도 모르게 그것을 가리기 위해 자기 합리화를 하게 되고, 네가 인정받지 못하면 억울하고 분노가 일어나는 것이다. 이것은 네가 어릴 때 사랑받지 못해 생긴 상처 때문이다. 네가 태중에 있었을 때나 태어났을 때 받았던 거절감이 원인이 되었단다."

그리고 강보에 싸인 아기를 어머니가 눈물을 흘리며 밀어내 다른 사람에게 주는 장면을 보여주셨다. 나는 주님께서 주시는 음성을 계속 선포했다.

"내 딸아, 이제 너를 치유한다. 이 모든 것에서 자유하고 담대하라. 네 마음을 내 사랑으로 채울 것이다. 빛과 말씀으로 채울 것이다. 일어나 빛을 발하라. 너는 내 소중한 딸이다. 네 안에 있는 모든 상처를 다 들어낸다. 예수 그리스도 이름으로 명령하노니, 이 딸의 상처와 거절감의 영, 떠나가고 없어질지어다!

그리고 많은 영혼들을 위로하고 섬기는 데 너를 쓸 것이다. 동굴 속에 갇힌 너를 내 품에 품었다. 이제 더 이상 넌 동굴 안에 있지 않다. 너는 자유해져 빛 가운데, 내 팔 안에 있노라!"

자매는 기도가 끝나고서도 한참 동안 울음을 멈추지 못했다. 나는 자매의 마음에 동감되어 함께 울었다. 그녀의 머리를 쓰다듬어주며 등을 토닥거려주었다.

기도가 끝나고 다른 사람들을 기도하고 있는데 2시간쯤 후에 이 자매가 다시 와서 눈물을 흘리며 간증했다. 자신이 천막에서 태어났다는 것은 알고 있었는데, 부모가 자기를 버리려고 했던 건 몰랐다고 한다. 그래서 기도한 후에 자매가 목사인 큰오빠에게 물었다고 한다.

"오빠, 내가 태어났을 때 나를 다른 사람에게 주려고 했어요?"

그 오빠가 말했다.

"흠, 어디서 들었니? 실은 이야기할 필요가 없어서 안 했을 뿐인데, 네가 물어보니 말할게. 네가 태어날 당시 우리 집이 먹을 것도 입을 것도 없을 정도로 가난해서 너를 부잣집의 양녀로 보내려고 한 적이 있었단다."

하나님이 보여주신 기도는 틀림이 없었다. 자매는 어릴 때부터 이유 없이 불안하고 억울한 마음이 많았고, 그런 자신을 스스로도 이해하지 못해 많이 답답했다고 한다. 주변 사람들에게 무시당한 것 같아서 자주 수치심이 생기고 분노가 일기도 했다고 한다. 하나님께서 그것이 거절감의 쓴뿌리에서 비롯된 것임을 보여주시고 들려주서서 그 상처에서 자유하고 치유 받은 것 같다며 계속 울었다. 자매가 자신의 정체성을 비로소 알게 된 것이었다.

그녀는 더 이상 상처에 매달려 불행하게 살지 않을 거라고 다짐했다. 또한 상처가 치유된 것에 진심으로 하나님께 감사드렸다.

이와 같이 상처는 우리를 변질시킨다. 하나님의 은혜로 기뻐하고 즐거워해야 할 우리가 어둠의 영들이 뿌리고 간 상처의 덫에 속는다. 이 사역 위에 임하시는 하나님의 사랑이 영혼들을 얼마나 깊이 만지고 회복시키는지 놀라울 뿐이다. 주님의 사랑은 능력이요 치료제이며 생명이다.

세상을 깨우는 자

순회선교사로 직임을 받은 나는 앞만 보며 주님께 순종하기로 마음먹었다. 한 번 사역을 가면 집을 떠나 6개월 동안 순회해야 하기 때문에 때로는 고독하고 힘들고 지칠 때가 많지만 기쁘고 감사할 때가 더 많았다. 사역하는 중에 일어나는 성령의 놀라운 역사하심은 내게 큰 힘과 위로가 된다. 많은 사람들이 회복되고 치유 받는 일들을 통해 하나님이 하시는 일에 그저 놀랄 따름이다.

그런 감격스런 사역 중에도 문득 캐나다에 홀로 남은 막내아들 존을 생각하면 나도 모르게 가슴이 철렁 내려앉아 눈물을 적실 때가 한

두 번이 아니었다. 그는 부모 형제가 있어도 없는 듯 고아처럼 살고 있었다.

2014년, 존이 서른 살이 되었다. 인간적으로 볼 때는 세상을 헤쳐 나갈 힘조차 없어 보였다. 한번은 그를 위해 안타까움으로 눈물을 흘리며 기도하고 있는데 음성이 들렸다.

'사랑하는 딸아, 네 남편 허몽구가 변화되어 돌아올 때 네 아들 존 도 돌아올 것이다.'

이후 하나님의 때가 왔는지 남편의 변화가 예사롭지 않았다. 그는 주님의 음성을 듣고 사람들이 치유되어 회복하는 모습을 보며 '정말 주님이 계시는구나'를 깨닫고 옛 모습을 조금씩 벗어버리고 순한 양 이 되어가고 있었다. 이렇게 되기까지 무려 34년이 걸렸다.

남편은 행동도 달라졌지만, 무엇보다 말이 변화되었다. 자기 원칙 에서 벗어나면 사정없이 책망하던 입술에서 진리와 복음이 쏟아져 나 오기 시작했다. 그 말씀의 깨달음이 깊고 넓었다. 나는 그의 변화를 지켜보면서 아들도 곧 그렇게 될 거라는 기대감이 생겼다. 그래서 더 욱 열심히 기도했다.

몇 년 전, 예배할 때 주님께서 존에 대한 환상을 시리즈로 보여주 셨다. 주님이 존을 작은 연못으로 데리고 가서 몸을 씻겨주셨다. 그 물이 얼마나 깨끗하고 맑은지 바닥이 훤히 다 보일 정도였다. 예수 님이 연못에 존을 위해 따뜻한 물을 채워놓으셨다. 존은 예수님 앞에서 있었고, 그분은 그의 더러운 겉옷과 속옷, 양말과 신발까지 직접 다 벗기셨다. 그리고 연못에서 그를 씻겨주시며 "그동안 먼 길을 돌아오느라 수고했다"라며 온유한 음성으로 위로하셨다.

그러자 존이 어릴 때의 모습으로 돌아가 예수님과 물장구를 치며 재미있게 놀았다. 어릴 때 입은 상처를 치유하는 모습이었다. 아이를 사랑스럽게 바라보시는 예수님은 그와 오랫동안 함께하셨다.

목욕을 다한 후 예수님은 연못가에 나와서 그에게 흰옷을 입히시고 잔디밭에 뉘이셨다. 그는 깊은 잠에 빠져들었고, 예수님이 권능의 손으로 그를 만지시며 새 몸으로 치유해주셨다. 그러자 그의 겉사람인 육신과 속사람인 영혼이 분리되었고, 겉사람 안에서 영혼이 빠져나오는 게 보였다.

그동안 세상에 빠져 방황하면서 진리의 말씀을 거부하고 고통 가운데 살았던 존의 속사람이 회복되고 상처가 치유되었다. 오랫동안 어두움의 영이 지배했던 상처는 아픔과 분노와 쓴뿌리였다. 성령의 능력과 보혈로 만져주심으로 존의 영이 주님의 형상으로 회복되는 모습을 보여주셨다. 잠에서 깨어난 존과 함께 가파른 언덕길을 올라가셨는데, 그 길은 앞으로 그가 통과해야 할 고난이라고 하셨다.

그가 순종하며 길을 올라가고 있었다. 그런데 옆에 크고 살찐 양한 마리가 따라가는 게 보였다. 그 양은 몸부림을 치며 억지로 끌려가고 있었다. 존은 양의 목줄을 잡고 언덕길을 담대히 올라갔다. 내가 하나님께 여쭈었다.

"주님, 이 양은 무엇인가요?"

"저 양은 무거운 짐을 지고 가는 존의 자아이며, 나는 그에게 자기를 부인하는 법을 가르칠 것이다."

그러고는 존의 뒤에서 묵묵히 동행해주셨다. 존과 살찐 양은 언덕 위에 있는 첫 번째 성문 안으로 들어갔다. 그 문을 통과할 때 성문 위에서 향기로운 꽃잎이 그의 머리 위로 떨어지며 은은하게 찬양이 흘러나오고 있었다. 꽃잎은 그가 앞으로 받게 될 은혜이며, 찬양은 그에게 들려주실 주님의 음성이었다.

그와 양은 다섯 개의 성문을 통과했는데, 그때마다 양의 몸집이 작아졌으며 온순해졌다. 그가 세상에서 받은 모든 무거운 짐과 상처를 주님께 다 내려놓고 겸손해지는 모습이었다. 성문을 통과하는 것은 그가 훈련받게 될 고난을 통과할 거라는 의미이며, 다섯 개의 성문은 그가 5년 안에 돌아온다는 예언의 말씀이었다.

그 문을 다 통과하자 큰 성전이 보였다. 성전 안에서 흘러나오는 금빛은 눈이 부셔서 똑바로 쳐다볼 수 없을 정도였다. 주님께서는 제단 앞에 그를 세우시고 "제단 위에 이 양을 제물로 드려라. 이 양은 바로 너다"라고 하시며, 양을 제물로 드린 그에게 입고 있던 흰옷을 벗기시고 에봇(제사장들이 입는 예복)을 입히셨다.

"너는 기름부음을 받은 제사장이다."

그리고 그에게 전신갑주를 입히셨다. 진리의 허리띠와 의의 호심경과 평안의 신과 믿음의 방패와 구원의 투구와 성령의 검을 입히셨다.

이는 그를 능력으로 치유하시고, 주님의 제자로 삼아주신다는 의미였다.

"너는 내 제자가 될 것이며 북과 징을 쳐서 너와 같은 상처받은 영혼들을 모이게 할 것이다. 북을 두드리면 사악한 어두움의 영이 도망갈 것이며, 징을 두드려 잃어버린 양을 찾아낼 수 있도록 인도할 것이다. 북은 네게 임할 능력을, 징은 복음을 전하게 될 너를 뜻한다. 너는 세상을 깨우는 자가 될 것이다."

나는 주님께서 주시는 이 음성이 한 치의 의심도 없이 이루어질 것을 믿었다.

내 변화를 기다리시다

2014년 4월, 6개월간의 사역을 은혜롭게 마치고 캘거리로 돌아왔다. 집으로 돌아오니 따로 살던 존이 집으로 들어와 지하실에서 지내고 있었다. 남편과 나는 반가운 마음에 짐을 풀기도 전에 아들에게 내려갔다. 하지만 그는 침대에서 꿈쩍도 하지 않았다. 인사는커녕 눈도 마주치지 않고 "Leave me alone(혼자 있게 내버려둬요)"이라고 말하고는 돌아누웠다.

그래도 나는 그를 향해 "John! Nice to see you again, welcome to home(집에 돌아온 너를 보니 참 기쁘구나)"이라고 인사했다. 아들이 해야 할 인사를 우리가 하고 있었다. 존은 살짝 몸을 돌려 내게 눈짓으로 반갑다는 표현을 했다. 나는 아들의 야윈 모습에 미안한 마음이 들었다. 많은 영혼들이 성령 체험을 하고 치유를 받도록 도왔지만 정작 아들을 위해서는 아무 일도 한 게 없어 심한 죄책감이 들었다.

그러던 어느 날, 아는 집사님이 내게 찾아왔다. 그녀는 남편을 잃은 후 삶의 의미를 찾지 못해 우울증에 걸렸다. 그녀를 위해 사랑으로 기도했고, 하나님께서 그녀의 상태를 들려주셨다. 남편이 죽은 후 의지할 데가 없어 좌절하고 있으며 미래에 대한 두려움에 묶여 있는 게 느껴졌다.

"네 모든 짐을 내 십자가에 내려놓으라. 내가 지고 가겠노라. 너는 평안과 기쁨의 십자가를 지고 나를 따라오게 될 것이다."

죽고 싶은 마음으로 가득했던 그녀의 마음에 빛이 들어와 평안이 임했다. 며칠 뒤 그녀가 또 한 번의 만남을 청했다.

"영혼이 회복되고 나니 감사가 끊이질 않아요. 그런데 제 아들이 이전의 저와 똑같은 증세로 힘들어해요. 꼭 한 번만 만나주세요."

아들은 "너는 죽어야 돼"라는 음성이 계속 들려 아무것도 할 수 없다고 했다. 그녀가 아들을 우리집으로 데리고 왔다. 나는 그에게 진리이신 예수님과 십자가 부활의 복음을 전했다. 그리고 진리의 영이신 성령님을 전하면서 그동안 일어났던 많은 간증을 들려주었다.

조용히 내 이야기를 듣던 아들이 눈물을 글썽이며 내게 기도를 해달라고 했다. 그리고 하나님의 뜻대로 살지 못했던 걸 회개했다. 나는 예수님의 이름으로 어두움의 영을 대적하고 물리치는 기도를 했다. 그는 위로와 격려로 들려준 주님의 음성에 눈물을 흘리면서 예수님을 인격적으로 만났다(그리고 지금은 완전히 치유되어 학교에 복학했으며 열심히 공부해서 의사가 되기를 원한다).

먼 훗날 이 믿음으로 수많은 영혼들의 육신을 치료하고, 상처를 가진 자들을 치유하는 주님의 제자가 될 것을 기대한다. 그 집사님이 자신의 아들과 함께 기뻐하면서 천국이 임한 마음을 선물로 받고 갔다.

그들이 떠난 후, 나는 나 자신에 대해 곰곰이 생각해보았다. 그녀는 오기 싫어하는 아들을 몇 번이나 설득하여 데리고 왔다. 바쁜 시간을 쪼개어 데리고 오기까지 얼마나 힘들었을까. 그렇다. 예수님이 고치신다면 무슨 수를 써서라도 데려와야 한다. 그 믿음과 순종이 주님을 일하시게 하는 것이다. 그런데 나는 한 번도 아들 존을 예수님께 데려가지 않았다는 마음이 들었다.

'나는 어떤 엄마인가?'

존에게 할 말이 없었다. 예수님을 만나게 해주려고 해도 그가 거절할 거라는 내 생각이 앞서서 기도해보자고 먼저 말한 적도 없었고, 복음을 듣지 않을 거라는 이유로 아예 전하지도 않았다. 그저 가만히 기도하며 기다리기만 했다.

순회사역을 하면서 나는 사람들에게 우리 가정, 특히 존을 위해 중보해달라고 간청했다. 물론 주님께서 틀림없이 해주실 거라 믿었다.

그러나 그다음으로 나아가는 순종함이 없었다는 걸 깨달았다. 그 자매와 아들의 회복을 통해 내가 앞으로 어떻게 해야 할지 성령님의 조명하심이 가슴에 쏟아져내렸다.

존의 변화보다 내 변화를 먼저 기다리시는 주님의 마음이 느껴졌다. 나는 하나님의 음성을 듣고 그 자리에 서서 하나님께서 해주시기만을 기다렸다. 믿음은 순종으로 열매를 맺어야 하는데 그러지 못했다.

하나님은 아브라함을 시험하기 위해 그에게 모리아 땅으로 가서 이삭을 번제로 드리라고 명하셨다. 아브라함은 번제를 드릴 때 사용할 나무와 불과 칼을 준비하여 이삭을 데리고 지시하신 산으로 갔다. 이것이 진정한 순종이요, 내려놓음이다. 어쩌면 나는 불과 칼은 준비했을지도 모른다. 그러나 순종하지는 못했다. 지시하신 산으로 나아가지도, 존을 데리고 가지도 못했다.

그럼에도 내려놓았다고 말했던 게 교만함과 허세요 위선이었던 걸 깨닫고 회개했다. 실제로는 아들을 내려놓지 못했고, 정말 해야 할 기도를 하지 않았다.

'주님께서 존을 회복시켜주셔야 합니다.'

이렇게만 기도하는 내게 문제가 있었다. 내가 존을 기다린 것처럼 주님께서는 먼저 나를 기다리셨다.

'주님, 저를 용서해주세요. 오랫동안 저만 힘들다고 생각했어요. 마음이 아파서 존을 회피했어요. 속으로는 애처로웠지만 행동으로는 무관심했어요. 상처받은 아들의 마음을 가까이에서 한 번도 쓰다듬어준 적이 없었어요. 그 가시가 제게도 너무나 아팠기 때문이에요. 기다림에 지쳐서 제 생각에서 지웠던 것 같아요. 이 교만을 용서해주세요.'

나는 아들 앞에서 할 말이 없었다. 열방을 향해 영혼을 구하러 순종하며 다니면서도 염려와 근심 어린 눈으로 아들을 바라보았다. 이는 존을 이미 거절하고 바라보는 눈이었기에 그의 입장에서는 입을 더 굳게 다물 수밖에 없었다.

'이제야 왜 존이 우리를 피했는지 알 것 같아요. 너무 힘들어서 제가 먼저 아들을 밀어냈군요. 멀쩡한 아들을 이 지경으로 만든 게 무지한 제 죄 때문입니다. 용서해주세요.'

진심으로 깊은 통곡의 눈물로 회개했다. 또 아들에게 상처받아 힘들어하는 남편을 비난했던 내 모습도 생각났다. 그래서 먼저 남편에게 나를 용서해달라고 말했다.

"그동안 얼마나 힘들었어요? 지옥 같은 인생이었지요? 미안해요."

그의 강함이 힘들었기에 그동안 무관심하게 회피했다. 진심으로 용서를 구하며, 그를 안아주며 말했다.

"우리가 존에게 용서를 빕시다. 그가 지금은 안 받아줄지라도 우리의 모습을 주님이 아시니 일해주실 거예요."

그리고 우리는 지하실로 내려가 엎드려 자고 있는 아들에게 용서를 구하며 무릎을 꿇었다. 자고 있던 존은 아무 말이 없었다. 우리를 전혀 이해하지 못하는 것 같았다. 그런데 그 일이 있은 지 얼마 지나지 않아 기적 같은 일이 일어났다. 주님은 지혜롭게 일하고 계셨다.

준비된 축복

캘거리의 어느 교회에 집회를 하러 갔다. 집회하는 도중에 함께 예배를 드리던 남편의 눈에 한 자매가 들어왔다. 남편은 예배를 다 마치고 목사님에게 그 자매에 대해 물었다.

"저 자매는 어떤 자매인가요?"

"제주 열방대학에서 제자훈련을 받은 자매예요."

남편과 나는 세계 열방을 다니며 예수전도단 출신의 선교사들과 간사들의 희생과 헌신을 참 감동있게 봐왔다. 그래서 존의 신붓감으로 삼고 싶은 자매들이 한두 명이 아니었다. 그렇지만 그들이 멀리 선교지에 있기도 하고, 또 존이 전혀 결혼할 준비가 되어 있지 않아 포기했다. 그러던 차에 예전단에서 훈련받은 자매가 캘거리에 와 있다고 하니 남편이 더욱더 신중하게 그녀를 바라보았다.

평소에 내가 신뢰하던 한 집사님 댁에 그 자매가 머물고 있었기에 그에게 전화했다. 자매의 이름은 '황성희'라고 하는데, 내가 사역을 마치고 캘거리에 오면 기도를 받겠다고 나를 기다렸다고 했다. 나는 기쁘게 답을 했다.

"네, 내일 바로 가지요."

다음 날, 그 집에 들어서니 집사님과 자매가 우리를 반갑게 반겨주었다. 서로 인사를 나누고 남편이 자기 이야기를 먼저 했다. 존에 대해서였다.

"어릴 때의 거절감으로 상처가 많은 아들이 있는데, 예전단의 정신과 영혼 사랑으로 그에게 복음을 전해주세요."

그렇게 자매에게 존을 한 번 만나주기를 간청했다. 이에 나도 맞장구를 치며 아들이 회복되면 주님의 큰 그릇으로 변화되어 잃어버린 양들을 찾게 될 것을 확신한다고 말했다. 그리고 이곳에 오기 직전에 들은 나에 관한 한 자매의 기도도 이야기해주었다.

"박윤희 선교사님이 검은 정장을 입고 무덤 앞에 서 있는데 갑자기 보라색 꽃이 무덤 주위에 피기 시작했어요. 그런데 그 자리를 떠나자마자 그 주위에 노란 꽃이 피더니 무덤 안에서 나비가 날아와 예수님의 가슴에 앉았어요. 나비가 자유롭게 노란 꽃 위를 날아다니고 있었어요."

나는 이런 기도는 절대 놓치지 않는다. 이 기도를 듣고 주님께 여쭈었다. 주님께서는 '무덤'은 마음이 갇힌 자의 모습이며, '무덤에서 나온 나비가 예수님의 가슴에 앉았다'는 건 갇힌 곳에서 나와 예수님을 받아들인다는 의미라고 하셨다. '나비'는 남자이고, '노란 꽃'은 여자를 의미한다.

검은 정장을 입은 내 모습은 애가 타는 마음으로 무덤을 향해 기도하는 모습이었다. 보라색 꽃은 기도의 응답이며, 자유로워진 나비가 노란 꽃 위를 날아다니는 건 그 나비가 노란 꽃과 기쁨을 함께하는 것을 의미했다.

이상하게도 나는 처음 만난 성희자매에게 이 기도에 관해 말하고 싶은 마음이 들었다. 이야기를 다 들은 그녀가 "아, 제가 제일 좋아하는 꽃이 노란색이에요"라고 말했다.

그리고 그녀를 위해 기도할 때, 주님께서 자매의 내면을 만져주셨고, 많은 위로와 격려를 하셨다. 그녀는 하나님의 음성을 듣고 캘거리로 왔다고 했다. 서울에서 대학캠퍼스의 간사로 학생들을 섬기다가 기도 중에 '태평양을 건너가라'라는 음성을 들었다고 한다. 그러던 중에 우연히 캘거리에 있는 대학교 선배와 연결이 되어서 왔다고 했다. 그녀가 떠나기 전에 함께 기도하는 이들이 "아마 주님께서 자매를 결혼시키려는 것 같다"라고 말했다고 한다.

처음에 본인은 전혀 그런 마음이 없었고, 태평양을 건너가라는 주님의 음성만을 듣고 결단했다고 한다. 그녀는 '하나님의 뜻이 무엇인가요? 정말 저를 결혼시키려고 그곳에 보내시는 건가요? 갈 길을 보여주시고 제게 들려주세요. 주님의 뜻대로 하겠습니다'라고 기도했다고 한다. 떠나오기 전에 동역자들 중 한 자매가 기도 중에 'J'(제이)라는 영문 알파벳을 봤다고 성희자매에게 전했다(존의 이니셜이 J이다).

나는 기도를 마치고, 그녀에게 존을 만나볼 의향이 있냐고 물었다. 갑작스런 내 질문에 당황할 법도 한데 내면이 충실하고 겸손한 자매는 우리에게 자신의 뜻을 보이지 않고, 주님께 기도해보겠다고 했다. 남편과 나는 더 기도했다. 그녀가 만날 마음이 있어도 존이 만날 마음이 없을 걸 알기 때문이었다. 주님께서 둘의 마음을 열어주셔야만 했다.

얼마 지난 후에 연락이 왔다. 자매가 이 일로 한국에 있는 어머니께 의논하니 주님이 기도의 통로로 쓰시는 어머니의 지인에게 그림을 보여주셨다고 했다. 가시가 있지만 까보면 알밤이 가득히 든 잘 익은 밤송이를 보여주셨다며 자매에게 존을 만나보라고 했다고.

나는 뛸 듯이 기뻤다. 전심으로 기도하고 존에게 말을 꺼냈다. 그런데 돌아오는 대답은 단호하게 "노(No)!"였다. 자기가 왜 영어도 못하는 여자를 만나야 하며, 또 자기는 한국말을 잘 못하는데 만나서 무슨 얘기를 하느냐며 화를 냈다. 또 한국 사람을 만나고 싶지 않을뿐더러 여자 친구는 더더욱 필요 없다고 딱 잘라 말했다. 존은 한 번 아니라고 하면 아닌 성품이어서 나는 크게 실망했다.

그러던 어느 날, 존이 지하실에서 슬며시 올라오더니 처음으로 입을 열었다. 지난밤에 꿈을 꾸었는데 생생하게 기억이 난다며 말했다.

"엄마가 소개하려고 하는 그 아가씨를 하나님이 보여주셨어. 그녀를 만났는데 이 세상에서 제일 따뜻하게 나를 대해주며 내가 하는 모든 이야기를 이해해주고 들어주었어."

평소 자신이 받고 싶어 하는 마음을 이야기하듯 꿈에서 하나님이 역사하신 것이다. 그리고 그 아가씨의 언니와 동생도 보여주셨다고 했다. 그래서 자기 생애 한 번도 받아보지 못한 그 따뜻함이 자신의 마음을 움직여서 한 번 만나보겠다고 했다. 남편과 나는 얼마나 기쁘고 감사한지 "할렐루야"를 외쳤다. 주님께서 하신 거였다. 절대 열리지 않을 것 같았던 존의 마음에 빛이 조금씩 들어가기 시작했다.

보석을 건져라

드디어 존과 자매가 만나는 날이었다. 존은 몸이 왜소해서 맞는 옷이 없었다. 옷을 깨끗이 입고 만나기를 바랐지만 말을 듣질 않았다. 그러면서 한 번도 여자를 만나보지 못해서인지 몹시 불안해했다.

말도 통하지 않는 아이들을 서로 인사시키고 우리는 집으로 돌아왔다. 그런데 그 만남의 결과를 집사님을 통해 전해 듣고는 기절할 뻔했다.

"선교사님! 성희가 존이 잘 생기고, 깊이가 있으며, 멋있는 남자라고 관심을 보여요."

우리가 존을 보는 인간적인 시각과는 완전히 다르게 성희는 앞으로 변화될 그를 하나님의 시각으로 미리 보았다. 불안했던 내 마음과는 달리 좋게 봐준 자매가 정말 고마웠다. 존도 다녀와서는 대화가 잘 통한다며 맘에 들어 했다. 또 자매가 아주 깊이 있는 사람이라고 칭찬했다.

놀랍게도 존이 자매를 만나는 횟수가 늘수록 변화되기 시작했다.

정말 그녀가 말한 대로 멋있고 잘 생겨졌으며 깊이가 있는 진짜 남자가 되어 갔다. 또 깨끗이 잘 씻고, 멋있는 옷만 골라 입는 멋쟁이가 되었다. 말도 공손하게 하고, 어릴 적의 겸손하며 배려가 많은 아들로 돌아왔다. 또 아빠에게 다가와 대화를 먼저 시도하고, 엄마가 고생한 것을 위로하는 아들이 되었다. 눈가에 웃음꽃이 피고 행복해보였다. 그녀가 존을 인정하고 세워준 덕분이었다.

자매는 겸손하고 긍정적이며 남을 배려하고 세워주는 은사가 있었다. 존에겐 더할 나위없는 짝이었다. 서로 배려하고 세워주는 모습이 얼마나 귀한지 주님께 감사할 뿐이었다. 나는 그녀를 통로 삼아 존을 치유하시는 하나님의 깊은 사랑을 느꼈다.

우리는 둘의 만남에 관심이 많았지만 몇 달 동안 모르는 체했다. 결혼만큼은 자신들이 스스로 결정해야 하기에 존중했다.

그러던 어느 날, 성희자매를 집으로 초대해서 솔직히 말했다.

"우리는 10월에 선교를 떠나야 하는데 결혼할 마음이 있으면 그전에 결정했으면 좋겠다."

자매가 대답했다.

"제가 21일 다니엘 기도를 하고 있으니 3일만 더 기다려주세요. 아직 응답을 받지 못했습니다."

우리도 그동안 간절히 기도했다. 그리고 21일째 되던 날, 주님께서 자매에게 응답하셨다.

'존은 보석이니 잘 보관하여 빛을 내거라. 네가 할 일이다.'

성희는 그 음성을 감사하게 받았다. 그런데 주일에 한 번 더 확신을 받게 되는 일이 있었다. 목사님의 설교가 보석에 관한 거였다.

"여러분, 쓰레기통에 다이아몬드를 떨어뜨려 잃어버렸다면 쓰레기를 치우고 다이아몬드를 찾으세요. 당신의 것입니다. 보석이 쓰레기통에 숨어 있는 것이지, 쓰레기가 아닙니다. 오물이 묻어 있을지라도 닦으면 빛나는 보석입니다. 그게 바로 당신의 것입니다."

성희는 주님의 음성을 또 한 번 확인하고 결혼을 결심했다고 한다. 존도 그녀와 결혼을 결심했다. 하지만 갑자기 이루어진 일에 약간 불안해하기도 했다. 처음으로 마음을 준 사람이 갑자기 떠나갈 것 같은 두려움이 아직 남아 있었다. 나는 평생 배신을 당하고 억울했던 아들의 아픔을 이해했다.

"존, 두려워마라. 하나님께서 네게 주신 복을 마음껏 받기를 바란다. 절대 이 복을 빼앗아가지 않으시는 사랑의 하나님이시다."

그렇게 위로와 격려를 했다. 남편은 존에게 그동안 잘해주지 못한 모든 것들에 대해 용서를 구하기 위해 아들의 발을 씻겨주는 세족식을 했다.

"못난 아빠를 용서해라. 나도 몰랐단다. 사랑으로 훈계한다는 명목으로 너를 때리고, 책망하고, 야단만 친 것을 용서하렴. 너를 인정하지 못해서 미안하구나."

강하디 강한 남편이 자식 앞에 무너지는 순간이었다. 내가 생각해도 크게 잘못이 없는 남편이었다.

'자식 때문에 그동안 저 마음이 얼마나 힘들었을까?'

일흔이 된 아버지가 서른의 아들 앞에 머리를 조아리고, 무릎을 꿇고, 눈물로 용서를 구하며 세족식을 했다. 정말 상상할 수도 없는 일이 내 눈 앞에서 벌어진 것이다!

남편이 변화되어 돌아올 때 아들도 돌아온다는 주님의 음성이 정확하게 이루어졌다. 주님께서 하셨다. 나도 존을 힘껏 안아주면서 말했다.

"부족한 엄마도 용서하렴. 너를 불쌍하게 보고, 때로는 슬프고 원망하는 눈으로 바라본 게 얼마나 상처가 되었니? 그래서 얼마나 고독하고 외로웠니? 넌 과거에도, 지금도, 앞으로도 우리에게 최고의 아들이란다."

그리고 주님 앞에서 진심으로 회개했고, 존에게 주님의 사랑으로 용서를 빌었다. 세족식을 하고 난 뒤에 성희와 존이 앞으로 가는 길에 주님의 인도하심이 있기를 간절히 축복하며 기도했다.

존은 성희를 만나고 또 부모의 인정을 받고부터 과거에 어리석게 누렸던 세상의 것들을 다 끊어냈다. 주님께서 이루신 놀라운 축복이요 기적이다.

2015년 2월 7일에 존과 성희는 한국의 선한목자교회에서 수많은 사람들의 축하를 받으며 결혼식을 올렸다. 외국에서 35년을 살았기에 하객들이 없을 줄 알았는데 그간 한국에서 교회 집회를 하며 알게 된 많은 목사님들과 성도들, 또 멀리 선교지에 계시던 선교사님들과 간사님들과 친척들이 와주셨다. 우리의 사정을 다 아는 교인들이 감격의 눈물이 흘러서 나도 감정이 복받쳤지만 참고 또 참았다.

신부의 부모님도 존을 사위로 삼은 것에 기뻐하고 흐뭇해하셔서 큰 복이라고 생각했다. 하나님이 주신 음성대로 5년 만에 그 말씀이 우리에게 기쁨으로 임했다.

"이제는 더 주님께 순종할 것입니다. 주님이 찾으시는 영혼들을 이 생명이 다하도록 찾을 것입니다."

결혼하자마자 존과 성희는 스위스에서 DTS 훈련을 받고 돌아왔다. 이들은 지금 주님께서 주신 비전을 품고 사역의 길을 가려고 준비하고 있다. 주님은 정말 멋쟁이시다!

CHAPTER 07
회복하시다

무의식의 상처들

나는 기도사역을 통해 성령의 능력으로 마음에 상처 입은 사람들이 치유되는 것을 많이 봐왔다. 각 시대마다 성령 하나님의 역사하심은 다양하게 나타났다. 과거에는 육신의 질병이 성령의 역사하심으로 많이 치유되었다.

하지만 육신이 고쳐졌을지라도 내면에 잠재된 고통과 상처가 치유되지 않는다면 진정한 회복이 이루어질 수가 없다. 하나님을 체험적으로 만날 때 그 상처가 회복되기 때문이다.

인간이 입은 최초의 상처는 두려움과 수치심과 죄책감과 거절감이다. 인간의 조상인 아담과 하와가 하나님께 불순종하는 죄를 저질렀다. 그로 인해 하나님과 멀어지고 단절되어 두려움이 생겼고, 또 죄가 들어오면서 자신들이 벗고 있는 것에 부끄러움과 수치심을 느꼈다.

또 잘못을 저질러 하나님께 내쫓기고 버림받았다는 자괴감과 거절감이 생겼고, 이 상처는 사람들의 내면 깊숙이 가라앉아 자리하게 되었다. 그리고 시간이 지날수록 그 상처의 덩어리가 커지면서 쓴뿌리를 형성하게 되었다. 타락 이전에는 하나님의 사랑과 은혜로 채워졌던 우리 안에, 타락 이후 죄로 인한 욕구가 채워진 것이다.

욕심이 잉태되어 죄의 열매가 무성하게 자라면 인간의 욕구는 더 커진다. 그러면서 스스로 결핍을 느끼고 그것을 세상의 것으로 채우고 싶은 갈망이 일어난다. 이것이 바로 인간의 욕망, 즉 육신의 정욕, 안목의 정욕, 이생의 자랑이다.

세상의 것으로 아무리 채워도 우리 안에는 욕구에 대한 갈급함이 여전하다. 결국 세상을 살아가면서 나도 몰래 죄 속으로 점점 빠져든다. 불순종의 죄로 하나님을 떠난 후, 세상 사람들과 관계를 형성하고 살게 된 우리 안에는 관계 속에서 받은 아픔의 상처들이 조금씩 쌓여간다.

상처란 과거의 관계 속에서 받았던 고통과 아픔이 여전히 기억 속에 각인되어 남아 있는 상태를 말한다. 그 아픔이 아직 다 아물지 않아 계속 피와 고름이 나는 상태다. 상처의 종류는 다양하다. 피해 의식, 죄책감, 열등감, 우울감, 두려움, 거절감, 질투, 시기심, 배신감, 수치심, 외로움, 고독, 분노, 반항, 따돌림, 소외감, 절망감, 증오심, 멸시 천대, 실패감, 무력감, 희미함, 억울함, 좌절감, 무시당함 등.

이런 상처를 받은 사람들 안에는 쓴뿌리가 형성된다. 그 쓴뿌리의 상처에서 나오는 생각과 행동이 원래 자신의 인격이라고 잘못 생각하기 쉽다. 그래서 우리는 이 잘못된 생각에서 자신을 지키기 위해 최선을 다한다. 그리고 자기 스스로 짓는 자범죄를 정당화하고 합리화하며 자아 안에 자존심을 형성한다.

자존심은 죄와 상처의 무덤이다. 상처의 무덤 안에는 내 생각의 법만 존재한다. 그 법은 내 생각이 옳고 내가 최고라고 항상 주장한다. 누구의 말도 듣지 않고 패망의 선봉이 되는 교만의 자리에 오르게 된다. 교만은 결국 나를 왕으로 세워 군림하며 자신을 우상으로 섬기게 한다.

인간에게는 누구나 최고가 되고 싶은 욕구가 있다. 이 모든 잘못된 사고 체계는 쓴뿌리에서 나온 상처 때문이다. 그래서 죄로 인해 타락한 모습으로 살게 되면 가정과 이웃과 세상이 사망으로 파괴된다. 이 상처에서 벗어나 타락 이전의 모습으로 회복되어야 한다. 이것은 오직 예수 그리스도를 통해서만 회복될 수 있다.

과거 상처에 갇힌 쓴뿌리

열등감의 상처로 인해 평생 두려움 속에 살아온 한 권사님의 이야기다. 당시 77세였던 권사님은 딸의 집에서 몇 년간 잘 살다가 구역 예배에 다녀오자마자 갑자기 짐을 챙겨 다른 곳으로 거처를 옮기겠다며 집을 나갔다. 그 딸이 놀라 자신의 어머니를 만나달라고 지인을 통해 내게 연락했다. 권사님은 내게 자신의 이야기를 한 시간 반 동안 했다.

권사님은 사범대학을 나온 신여성이었다. 대학을 졸업하고 평생을 교사로 재직한 모범적인 분이었다. 그런데 이상하게 대학 졸업한 것을 숨기고 창피하게 여기는 열등감이 있었다. 보통은 배우지 못한 것에 대해 열등의식이 있는데 말이다. 퇴직하고서도 자신이 교사였다는 것을 사람들이 알까 봐 항상 두려워서 피했다.

그런데 마침 자신이 다니던 교회의 구역 모임에 새로 등록한 구역원이 자신이 다녔던 사범대학을 졸업하여 현직 교사로 있다가 이민을 왔다고 사람들 앞에서 소개했다는 것이다. 이후 권사님은 이곳을 떠나겠다고 급히 결정했다. 언젠가는 자신의 정체가 알려져서 창피를 당하게 될 거라는 두려움으로 잠도 오지 않고 심장이 뛰기 시작했다고 한다.

권사님은 연세가 있음에도 참 고왔다. 어릴 때 시골에서 태어나 남동생들이 많은 장녀였다. 조그마한 시골 학교의 교장선생님이던 아버지가 아들들은 나이가 되면 학교를 입학시키는데 장녀인 자신은 학교를 보내지 않았다. 그리고 이 딸이 학교 수업을 청강할 수 있도록 했다. 아버지의 명령으로 어린 동생들이 있는 교실에서 이방인처럼 뒷자리에 앉아 공부했다. 뒤에 앉아 있던 딸은 창피하고 부끄러웠다.

정식 학생이 아니었기에 책도 없이 수업을 들었다. 수업하는 내내 자신은 불청객이라는 생각에 눈치만 봤고, 그런 자신의 신세가 늘 한탄스러웠던 권사님은 학교에 보내는 아버지를 원망했다. 그럴수록 아버지와 관계는 더 멀어졌다.

몇 년 후 정식으로 입학은 했지만 같은 학년의 아이들이 자신보다 어렸기에 키도 크고 체중도 많이 나가는 자신이 늘 부끄럽고 수치스러웠다. 그렇게 권사님은 다른 학생들보다 7년 정도 늦게 사범대학교를 졸업했다. 그래서 자신이 눈치를 보며 공부한 것과 늦게 졸업한 걸 누군가 알게 될까 봐 항상 불안해하고 두려워했다.

나는 아버지에게 상처가 있는 권사님이 사탄에게 조종당하고 속고 살아왔다는 게 느껴졌다. 우리는 권사님을 위해 간절히 기도했다. 성령님께서 임재하셔서 그 아버지가 이 딸을 얼마나 사랑하고 있는지를 음성으로 들려주셨다. 그렇게라도 딸을 공부시키고 싶었던 아버지가 애타는 마음으로 딸의 뒤에서 눈물을 흘리는 게 보였다.

"내 딸아, 네 아버지가 하나님의 마음으로 너를 키웠단다. 그것은 놀라운 사랑이었단다."

기도를 통해 아버지의 사랑을 깨닫자 권사님은 신음하며 쓰러져 울음을 터트렸다. 오랫동안 어둠의 영들이 차지하고 있었던 묵은 땅이 빛으로 기경되어 성령의 조명하심을 받았다.

권사님은 토하고 소리치며 끈끈한 가래침을 수없이 뱉어 내더니 "이제 살았다"라고 말했고, 그리고 곧바로 방언이 터졌다. 억지로 자신을 공부시킨 아버지의 희생과 사랑을 깨닫자 원망이 감사로 바뀌었다.

권사님은 자신감이 회복되어 사범대학교를 졸업하여 교사를 했다는 것에 긍지를 갖게 되었고, 그 일을 더 이상 수치스럽고 창피하게 생각하지 않았다. 평생 사탄에게 속았던 걸 분별하게 된 것이다.

대를 잇는 쓴뿌리

어린 시절 돈을 훔쳤다는 누명을 쓰고 아버지에게 심하게 매를 맞고 알몸으로 쫓겨난 적이 있었던 한 집사님의 이야기다. 그는 자신을 때리는 아버지도 싫었지만 그것을 지켜보고만 있던 어머니가 더 싫었다고 했다. 또 대문 밖에서 벌거벗은 채로 추위에 떨며 두 손을 들고 서 있을 때 하필 친구가 그 모습을 보게 되었다고 한다. 이 친구는 그 모습이 재미있다며 다른 친구들까지 불러와서 구경했다.

이 사건으로 누명을 씌운 아버지에 대한 원망과 친구들 앞에서 벌거벗은 채로 창피를 당한 수치심이 그의 마음 깊이 자리 잡았다. 이 상처는 더 큰 상처로 자랐다. 어른이 되어서도 권위자를 두려워했고, 직장 상사나 군대 상관이나 선배나 선생님들에 대한 피해 의식이 생겼다.

또 누명을 쓴 경험이 있는 사람은 남을 쉽게 의심한다. 그리고 관계 속에서 내 입장과 주장이 관철되지 못하면 감정이 쉽게 상하기도 한다. 억울한 감정이 들면 절제할 수 없을 정도로 분노가 폭발한다.

그래서 그는 모든 상황에 대해 늘 억울해했는데, 이 상처가 완전히 치유되지 않은 상태에서 결혼을 했다. 결혼해서도 똑같은 문제에 부딪치자 억울해하며 아내가 자신의 말을 무시한다고 했다. 그래서 아내를 늘 공격적으로 대했다.

어릴 때 받은 상처가 아직 아물지 않았던 탓에 성인 아이가 되어 남을 배려하고 포용하고 이해하는 데 서툴렀다. 결혼생활은 순탄치 않았고, 자녀들에게도 자신이 받았던 상처를 고스란히 넘겨주게 되었다.

그러다보니 그의 마음이 더 우울해졌고, 결국 조울증까지 생겨 나를 찾아와 함께 기도했다. 성령님께서는 그가 몰랐던 아버지의 과거에 대한 많은 사실을 기도를 통해 알게 하셨다.

그의 할아버지가 술에 취해 집에 들어오시면 자신의 아들을 폭행하고 잠을 재우지 않았다. 그렇게 아버지는 할아버지의 사랑과 관심을 한 번도 받지 못하고 자랐다. 그래서 늘 외롭고 슬펐다. 할아버지가 무서워 먼발치에서 떨고 있던 그의 아버지를 보게 하셨다.

집사님은 눈물을 흘리며 자신의 아버지를 원망하기보다 긍휼한 마음으로 이해하고 용서하는 마음을 품게 되었다. 그리고 자신의 모습을 성령께 조명받았다. 할아버지의 사랑을 받지 못해 아들을 어떻게 사랑해야 하는지를 몰랐던 자신의 아버지를 보게 되었고, 자신 역시 아들에게 사랑보다는 자신이 받았던 상처를 고스란히 주고 있었다는 걸 알게 되었다.

가족에게서 받는 쓴뿌리

아버지에게 이유 없이 폭행을 당하던 어린 시절의 상처로 방황한 친구 아들의 이야기다. 정작 폭행을 가한 아버지는 기억도 하지 못하는데, 아들은 그것을 또렷이 기억하여 피해 의식을 갖게 되었고, 그것이 반항과 방황으로 이어졌다. 마약과 술은 물론이고, 크고 작은 사건을 일으키며 부모를 놀라게 했다.

마음이 여리고 착하고 순진했던 아들이 갑자기 돌변하자 이 가정은 늘 불안 속에서 살아야 했다. 어머니는 아들을 무척 사랑하지만 사역으로 바쁘게 지내다보니 대화할 시간이 없었다. 그 아들은 점점 고독하여 아픈 상처를 안고 세상을 헤매고 다닐 수밖에 없었다. 그런데 그 어머니가 참 지혜로웠다. 날마다 성경 구절을 써서 아들이 자는 머리맡에 뒀다.

어느 날, 나는 그 집에 잠시 들르게 되었고, 내게 인사를 하고 돌아서는 친구 아들의 뒷덜미를 보게 되었다. 그런데 갑자기 '이 아들을 위해 나는 무엇을 했나' 하는 긍휼한 마음이 생기면서 눈물이 났다. 집에 돌아와서 그를 위해 간절히 기도했다.

하나님께서 이틀 동안 그를 향한 많은 메시지를 들려주셨다. 기도하는 중에 가슴이 탁 트일 정도의 큰 바다가 보였고, 예수님이 그를 바윗돌 위에 앉혀놓고 말씀하셨다.

"네 마음속에 있는 말을 내게 다 하라."

그는 아버지에 대한 상처로 피해 의식과 낮은 자존감으로 친구들에게 약하게 보이고 싶지 않아 일부러 더 강하게 행동했다고 말했다. 예수님은 그를 위로하고 격려하시며 오랫동안 그 이야기를 들어주셨다. 사랑의 미소를 머금고 어린 아들의 눈을 마주치며 그가 하는 모든 말을 귀담아 들어주시는 예수님의 모습에 나도 눈물이 났다. 주님은 상처 난 많은 영혼들을 위해 그가 사용될 것이며, 더 이상 세상을 방황하지 않고 주님께 돌아오게 될 거라고 하셨다.

이틀 동안 많은 메시지를 들려주셨지만 핵심적인 것만 받아 적어 그의 어머니인 내 친구에게 전해주었다. 친구가 너무나 기뻐했다. 그러면서 그 메시지를 아들의 머리맡에 놓아두고 싶으니 글로 적어달라고 부탁했다. 나는 열여덟 쪽이나 적어주었다.

며칠 후 친구의 아들이 그것을 읽었고, 이후에 어른들만 참석하는 기도 수련회에 우연히 참석하여 성령을 받으면서 회개하고 주님 품으로 돌아오게 되었다. 그때 그의 나이가 스무 살이었다. 그는 기도와 말씀으로 전신갑주를 입고, 주의 귀하신 사랑으로 여러 은사가 임하는 복을 받았다. 부모님은 물론이고, 주위 사람들도 모두 놀라워했다.

어머니가 머리맡에 놓아둔 성경 말씀이 씨가 되었고, 주님께서 주신 음성을 받아 적은 그 편지가 열매가 되어 그를 변화로 이끈 것이다. 편지에 쓰인 대로 그는 하나님의 은혜로 믿음이 좋은 자매와 결혼했고, 신학 공부를 마치고 하나님의 때를 기다리고 있다.

그리고 14년 전에 써준 그 편지를 그는 아직도 소중히 간직하고 있다고 한다. 사랑의 하나님은 잃어버린 한 영혼이 돌아오게 하기 위해 사람을 통로로 쓰시며, 지혜로운 방법을 사용하신다는 걸 나는 깨달았다.

하늘의 선물

대다수 사람들이 은사사역에 대해 오해를 한다. 나 역시 그랬다. 과거에 은사를 잘못 사용한 선례들 때문이다. 이런 경우에는 성령의 나타나심을 방해하는 배경이 누구인지 먼저 분별해야 한다.

성령의 역사하심을 제한하거나 의심하거나 무시하거나 하찮게 여기는 건 그의 배경에 어둠의 영들이 주관하기 때문이다. 그래서 분별함이 없으면 끝내 비판하는 통로가 되고 만다. 결국 교만해지고 패망에 이르는 죄를 짓게 된다.

은사는 오직 하나님이 주권적인 선택으로 내리시는 선물이다. 인간의 어떤 행위로도 받을 수 없다. 신앙인이라면 누구나 살아 계신 하나님의 존재하심이 어떻게 내게 나타나는지 경험할 수 있다. 성령님의 능력으로 하나님을 만나는 체험을 하게 된다. 그런데 이 체험은 반드시 말씀이 토대가 되어야 한다. 말씀은 곧 하나님이시기 때문이다.

우리에게 은사를 주시는 목적은 첫째, 하나님 앞으로 더 나아가는데 도움을 주시기 위함이다. 둘째, 은사를 통해 변질되었던 내 정체성을 하나님의 형상으로 회복시키기 위함이고, 셋째, 몸 된 교회에 유익하게 하고, 덕을 끼치며, 신앙의 성장과 잃어버린 영혼을 찾기 위해 주신다. 그리고 마지막으로 예수님을 드러내기 위해 주신다.

은사가 많다고 반드시 성숙한 믿음이 있는 건 아니다. 또한 사역과 강의를 잘한다고 반드시 신령한 것도 아니다. 은사를 통해 성령의 열매를 맺음으로 예수님의 성품이 나타나야 한다.

은사와 성품은 모두 성령님이 주시는 것이나 그 성격이 다르다. 은사가 믿음의 주목적은 아니지만 그것을 통해 내가 먼저 변화되어야 이웃에게 복음과 그리스도의 사랑을 전해줄 수 있다.

은사는 꽃나무에 피어 있는 아름다운 꽃이라고 할 수 있다. 꽃은 시간이 흐르면 씨를 맺는데, 이 꽃씨가 바로 열매요 성품이다. 은사가 꽃처럼 화려하게 나타나서 사용될 수는 있지만 꽃이 피었다가 지면서 씨를 맺기까지는 시간이 걸린다.

우리도 고난과 시련을 통과하여 성품의 열매를 맺어야 한다. 나무에 물과 햇빛을 공급하시는 분은 하나님이시다. 하나님은 우리가 예수님의 성품으로 열매를 맺기까지 끊임없이 말씀으로 양육하시고 은혜의 단비로 채워주신다.

성령의 은사는 9가지가 있다. 하나님은 믿음의 분량대로 은사를 우리 각 사람에게 주신다. 지혜의 말씀 은사, 지식의 말씀 은사, 믿음의 은사, 병 고치는 은사, 능력 행함의 은사, 예언의 은사, 영 분별함의 은사, 방언의 은사, 방언 통역함의 은사 등이 있다(고전 12:8-10 참조).

● 지혜의 말씀 은사

지혜의 말씀 은사는 인간적인 지혜와 명철이 아니라 하나님의 초자연적인 지혜로 어려운 문제를 해결하고 좋은 길을 제시하는 것으로, 사물과 이치를 지혜롭게 깨달아 설명하고 정확하게 해석하여 어려운 상황을 처리하는 성령의 능력이다.

이는 오직 성령을 통해 하나님의 비밀에 속한 것을 알게 하는 초자연적인 은사이다. 이 은사는 사랑과 안위와 권면이 함께하기에 하나님의 음성을 전해 듣는 자가 지혜의 말씀 은사와 지식의 말씀 은사와 함께 사용한다.

이 은사는 꿈과 환상, 묵시로도 나타난다. 그러나 어둠의 영도 광명한 천사로 나타나 속이기도 한다는 걸 명심하고, 잘 분별하여 사용해야 한다. 세상의 지혜도 잘 사용하면 인류 발전에 크게 공헌할 수는 있다. 그러나 은사는 자칫 잘못 사용하면 자기과시와 자만심으로 인해 본질인 하나님을 잊어버리고 비본질인 자신이 나타나 결국 교만해진다. 그리고 교만은 패망으로 인도되어 사망에 이른다.

예를 들어 나단 선지자는 다윗 왕에게 밧세바와 저지른 불륜과 우리아 장군에게 행한 위법과 범죄를 이야기할 때에 지혜의 말씀 은사를 사용했다. 직언하지 않고 우회적인 방법으로 지혜롭게 말함으로써 다윗이 죄를 마음 깊이 깨닫고 회개하게 했다. 이 은사는 사람의 입술을 통해 책망하더라도 하나님의 사랑으로 선포하기 때문에 깊은 회개의 문을 열어준다.

인도 DTS에서 한 인도인 청년이 기도사역을 받다가 드러난 상처가 있었다. 그는 어릴 때 부모가 돌아가시고 보호자가 없어서 거리를 떠돌며 생활했다. 기도하는데 그가 배가 고파 빵을 훔쳐 먹다가 들켜서 몰매를 맞고 있는 장면을 주님께서 보여주셨다.

"내 사랑하는 아들아, 얼마나 외롭고 힘들고 배가 고팠느냐. 아들아, 나는 지금까지 너를 먹였고 외롭지 않게 너와 동행했으며, 힘들 때마다 네 눈물을 닦아주었다."

이 청년이 크게 통곡했다. 거리에서 생활하는 동안 훔쳐 먹었던 모든 죄에 대해 회개한다며 울었다. 이와 같이 하나님의 사랑은 빛이요 말씀이요 능력이기 때문에 지혜롭게 위로만 해도 회개의 문이 열리는 걸 많이 경험했다. 만약 "너 도둑질을 했구나"라고 죄를 찌르거나, 판단하거나, 정죄한다면 수치감이 생겨 마음 문을 닫아버리기 때문에 회개가 일어나지 않는다.

은사를 받은 사람들은 사랑의 열매를 맺어야 한다. 예수님께서는 간음한 여인도 정죄하지 않으셨다. 간음한 여인을 돌로 치려고 서 있었던 모든 사람들에게 "너희 중에 죄 없는 자가 먼저 돌로 치라"(요 8:7)라고 말씀하신 건 놀라운 지혜의 말씀 은사이다.

그들은 그 말씀에 찔림을 받고 물러갔으며, 예수님은 그녀에게 "나도 너를 정죄하지 아니하노니"라고 위로하시며 "다시는 죄를 범하지 말라"라고 말씀하셨다(11절). 그것은 그녀를 구원에 이르게 하신 지혜의 말씀 은사이다.

● 지식의 말씀 은사
성령께서 초자연적인 능력으로 우리의 내면 안에 있는 과거와 현재와 미래를 알게 해주신다. 또 사람과 사물의 참된 모습을 초자연적으로 임재하시는 성령님의 감동으로 깨달아 알 수 있다. 묵시와 환상과 꿈을 통해 감춰진 사실이 드러나 문제가 해결되며, 하나님의 영광이 나타난다.

> 내 형제들아 너희가 스스로 선함이 가득하고 모든 지식이 차서 능히 서로 권하는 자임을 나도 확신하노라 롬 15:14

한번은 기도하는 중에 평소 잘 알던 한 집사님이 지휘봉을 든 모습을 세 번이나 보았다. 그림을 그리는 분이기에 이 기도에 대해 심각하게 생각하지 않았다. 그런데 얼마 후에 정말 그가 지휘를 해야 할 상황이 생겼다. 성가대 지휘자로 세 번이나 세워져 지휘하게 된 것이다. 기도 중에 본 것과 같은 모습이었다. 이후 하나님께서 그를 귀하게 사용하셨다.

또 인도에서 사역할 때 한 청년을 위해 기도하는데 주님께서 그가 상점 주인에게 발로 차이고 매 맞는 장면을 보여주셨다. 실제로 이 청년은 한 상점에서 물건을 훔쳤다는 누명을 쓰고 쫓겨났다고 했다. 하나님은 그 억울한 상처를 치유하기 위해 과거를 드러내주셨다. 기도한 후에 그가 완전히 치유되었다. 아무도 모르고 자신만 알고 있던 아픔을 밝히 드러내주셨기 때문이다.

지식의 말씀 은사는 닫힌 마음의 문을 여는 데 큰 통로가 된다. 예수님께서 우물가에서 만난 사마리아 여인의 과거와 현재를 정확히 말씀하심으로 그녀의 마음 문이 열렸고 구원에 이르게 된 것처럼 말이다.

몇 년 전에 어떤 선교사님을 위해 기도하는데 그의 어릴 때 모습, 특히 다리의 뼈를 보여주셨다. 그런데 다리뼈들이 전부 시커멓게 보였고, 그 두 다리를 붙들고 간절히 기도하시는 예수님이 보였다. 그러면서 주님께서 낫게 해주셨다고 했다.

"앞으로 네 두 다리는 열방을 다니면서 잃어버린 영혼들을 찾아 복음을 전하는 다리가 될 것이다."

그는 하나님께서 자기 마음을 훤히 아시고 계셨다는 것에 마음 문이 열려 통곡했다. 간사님은 과거에 자신이 앓았던 병이 기도에서 드러나자 '아! 하나님은 다 아시구나'라고 깨닫게 된 것이다. 그리고 두려워말라고 위로하셨다.

"너와 동행할 것이며 내가 도울 것이다. 재정의 문제도 염려하지 마라. 믿음의 씨를 심어라. 때마다 네 곳간을 풍성히 채워줄 것이다."

기도를 마친 후 선교사님이 간증했다. 어릴 때 골수염이 심하여 두 다리에 문제가 있어서 수술 날짜를 잡고 다리를 잘라야 할지도 모르는 두렵고 불안한 상황에서 수술 전날 기도의 은사자를 통해 고침을 받았다. 그 후 수많은 친척들이 이 일을 통해 예수님을 믿게 되었다고 간증했다. 그리고 그동안 이 기적을 잊고 있었던 자신을 회개했다.

예수님의 은혜를 다시 회복하여 어려움을 잘 극복한 선교사님은 지금도 열방을 향해 영혼들을 섬기고 봉사하며 순종함으로 제자의 삶을 잘 살아내고 있다.

또한 기도사역을 하기 전에 갑자기 몸이 아파올 때가 있다. 기도를 받을 자의 아픈 곳이 미리 아픈 경우이다. 그때는 그 부위를 위해 기도하라는 뜻으로 알고 기도하면 주님께서 치료하신다.

이 은사는 세상의 것을 알기 위해 점을 치듯 알아맞히거나 하는 수준이 아니라 생명을 구하기 위해 사용되어야 한다. 잘못 사용하면 큰 문제를 일으킬 수 있기 때문이다. 관계가 깨지기도 하고, 오히려 상처를 줄 수도 있기에 지혜롭게 잘 사용하도록 훈련을 통과해야 한다.

● 믿음의 은사

믿음의 은사는 하나님의 사역의 미래와 그 뜻을 이루시려고 특별한 확신을 갖게 하는 능력이다. 주어진 어떤 상황을 이루기 위해 전혀 의심치 않고 오직 초자연적인 하나님의 능력을 믿고 의지하며 담대히 선포하는 믿음이다. 믿음의 은사를 사용한 결과는 항상 하나님께 영광을 돌리며 더 큰 믿음을 갖게 한다.

너희는 그 은혜에 의하여 믿음으로 말미암아 구원을 받았으니 이것은 너희에게서 난 것이 아니요 하나님의 선물이라 엡 2:8

남들이 비방해도 하나님의 뜻을 이루기 위해 120년 동안 믿음으로만 순종하고 방주를 지었던 노아, 아모리 사람들과 싸울 때 태양과 달이 더 이상 나아가지 못하도록 선언한 후에 그들을 멸하여 결국 승리한 여호수아가 그렇다.

하나님께서 반드시 태양과 달을 멈추게 해주실 거라고 믿은 여호수아의 믿음은 정말 대단한 믿음의 결단이었다. 내가 사역할 동안 그림으로 보여주시는 걸 선포할 때는 정말 하나님께서 이 사람을 치유하시려고 보여주시는 것임을 100퍼센트 확신하고 믿는 믿음이 있기 때문이다.

그러나 인간이 하나님께 받는 것이기에 틀릴 때도 있다. 그래서 맞느냐, 틀리느냐에 중점을 두면 이 사역을 할 수 없다. 하나님께서 사랑으로 지켜주시고 잘못 가지 않도록 막아주신다는 걸 믿어야 한다. 그럴 때 역사가 일어난다.

또한 믿음의 은사를 사용하기까지는 순종함이 있어야 한다. 수년 전에 매우 암울했던 시절, 주님께서는 내게 앞으로 있을 사역에 대해 보여주셨다. 강단에서 간증 설교를 하는 내 모습을 그림으로 보여주신 것이다. 나는 한 치의 의심 없이 믿고 기도하며 기다렸고, 10년 후 그 기도는 이루어졌다.

또 하나님께서 3년 전에 간증책을 쓰라고 보여주시고 들려주셨다. 그 일도 틀림없이 이루어질 것을 믿으며 하나님의 때를 기다렸다. 그리고 책이 나오게 되었다. 하나님께서 들려주신 음성을 확신하고 믿을 때 그분이 일하신다. 이 믿음의 은사는 자신의 죄를 시인하고, 예수님을 구세주로 시인하는 믿음의 과정에서도 발휘된다.

● 신유의 은사(병 고치는 은사)

지금도 질병으로 고통받는 자들이 주님께서 주신 이 은사를 통해 치유되고 회복되고 있다.

믿는 자들에게는 이런 표적이 따르리니 곧 그들이 내 이름으로 귀신을 쫓아내며 새 방언을 말하며 … 병든 사람에게 손을 얹은즉 나으리라 하시더라 막 16:17,18

인도 전도여행 때, 내가 안고 기도하던 청각장애를 가진 인도 아이의 입과 귀가 기도를 통해 열린 걸 12명이 함께 사역하다가 경험하기도 했다.

또 사역자로서 항상 기도를 해야 하는 나는 입안이 심하게 헐어 말을 할 수가 없을 정도로 아리고 아팠던 적이 있다. 그런 와중에도 3일 동안 200명 이상을 위해 간절히 기도했다. 그런데 신기하게도 사역하는 도중에 내 입이 감쪽같이 치유되는 일도 있었다.

● 능력 행함의 은사

능력 행함의 은사는 하늘나라의 확장과 하나님의 교회를 온전케

하기 위해 주신 은사로, 모든 종류의 표적과 기사를 포함한 여러 능력을 나타내는 성령의 특별한 능력이다. 오병이어의 사건, 애굽의 재앙과 홍해의 물이 갈라짐, 귀신을 물리치는 일, 물이 포도주로 변하는 사건, 죽은 자를 살리는 일, 물 위로 걸어오시는 예수님, 주님의 능력으로 기도할 때 넘어지고 쓰러지는 일 등이 능력 행함의 은사로 역사되는 일이다.

인도 루디아나에서 군대 귀신이 들린 DTS 인도인 학생이 성령을 받으면서 귀신이 떠나는 사건이 있었다. 그런데 몇 시간이 지나도 계속 나왔다. 이와 같이 열방 선교지에는 귀신들린 사람들이 많다. 타종교로 인해 비진리에 젖어 있다가 참 진리인 복음의 능력을 받으니 어둠의 실체가 드러나서 쫓겨나가는 것이다. 성령의 능력은 빛이므로 어둠을 물리치는 놀라운 능력을 보인다.

성경에 엘리야 선지자와 사르밧 과부의 이야기가 있다. 엘리야는 사르밧으로 갔는데 성문에 이르렀을 때 한 과부가 나무를 줍고 있는 것을 보았다. 그때 엘리야가 그 과부를 불러 물 한 컵을 갖다달라고 부탁했고, 물을 가지러 갈 때 떡 한 조각도 달라고 다시 부탁했다. 그러자 그 과부는 가루 한 움큼과 기름밖에 없다고 말했다. 그때 엘리야가 그것으로 떡을 만들어 가져오라고 하며 "남은 것으로 당신과 당신의 아들을 위해 만들라"라고 했다.

과부가 그 말에 순종하여 마지막 남은 가루와 기름으로 엘리야를

공궤하자 비가 지면에 내리는 날까지 그 통의 가루와 병의 기름이 떨어지지 않는 역사가 일어났다(왕상 17장 참조). 이것이 능력 행함의 은사이다.

나도 무지개에 대한 간증이 있다. 강의를 통해 받은 은사를 확인받은 나는 앞으로 있을 사역에 대해 하나님의 말씀을 듣고 싶었다. 그래서 전도여행을 가기 전날 밤, 하나님께 부르짖으며 기도했다.

'복음을 전하는 데 저를 써주세요. 더 이상 핍박이 없이 이 은사를 사용할 수 있도록 주님께서 인도해주세요. 마음의 감동이나 사람을 통해서나 꿈이나 그림으로도 좋으니 즉시 응답해주세요.'

그렇게 한참 동안 기도한 후에 밖으로 나가 잠시 걸으며 또 기도했다. 어둠이 짙게 내린 캄캄한 오솔길을 홀로 걷는데 갑자기 내 눈으로 확인되는 기도의 응답을 받고 싶었다. 그래서 다시 기도했다.

'아버지, 저는 주님의 놀라우신 능력을 믿습니다. 저를 써주시겠다는 응답을 받고 싶어요. 제 눈으로 확인할 수 있는 무지개를 보여주시면 주님의 응답으로 알겠습니다. 오늘 밤에 꼭 보여주세요.'

하나님의 응답이 오기만을 기다리며 아무도 없는 오솔길을 걸었다. 전도여행을 가기 전에 꼭 응답을 받고 싶었다. 그래서 더욱 힘써 기도에 열중했다. 솔직히 지금 생각하면 황당한 기도였다. 그 밤에 무지개라니…. 하지만 그때는 능력의 하나님에 대한 믿음이 확실했기에 틀림없이 보여주실 거라고 생각했다. 그러나 간절히 기도했지만 아무 일도 일어나지 않았다.

결국 이런 기도를 하는 스스로를 자책하며 그 길로 도서관으로 돌아가 숙제를 했고, 무지개에 대한 기도는 완전히 잊어버렸다. 공부를 다 마치고 밤 11시쯤에 도서관에서 나와 숙소로 가고 있었다. 반짝거리는 별들이 나를 반겨주는 듯했고, 시원한 겨울밤의 공기가 하루의 피곤함을 풀어주었다.

그러다 오른편에 내 키보다 약간 더 큰 가로등 세 개가 있는 게 눈에 들어왔다. 무심코 지나가려는데 순간, 세 개 중 가운데에 있는 가로등에서 놀랍게도 무지개가 보였다. 분명히 일곱 빛깔의 무지개였다. 너무나 놀랍고 감격해서 가슴이 뛰었다.

무지개를 보여달라고 했지만 막상 내 눈으로 확인하는 순간, '어떻게 이럴 수가 있을까' 하고 의아해했다. 이 날이 다 가기 전에 보여달라고 간청했던 기도를 들으시고 응답하신 놀라우신 하나님! 당시만 해도 나는 신비한 일을 잘 받아들이지 못하는 고지식한 사람이었다. 그러나 눈으로 확인한 무지개는 부인할 수 없는 실재였다. 그 앞에서 하나님의 강한 임재를 느끼며 감동과 기쁨으로 울며 서 있었다.

그러다 이것을 누군가에게 확인받고 싶었다. 내가 간절히 기도해서 헛것을 보고 있는지도 모른다는 생각이 들었다. 그래서 함께 기도하던 자매들을 깨워서 보여주고 싶었다. 그러나 그 시간은 취침 시간이었고, 공동체 생활에서는 정해진 규칙을 지켜야 했기에 차마 깨우러 가진 못했다. 아무도 없는 그 시간에 누군가 지나가지는 않는지 두리번거렸다.

그런데 한참 후에 어둠 속에서 누군가가 걸어오고 있었다. 가까이 오는 것을 보니 아는 자매였다. 나는 너무나 반가운 마음에 빨리 와보라고 소리쳤다. 그리고 급하게 걸어온 그녀에게 조심스럽게 물었다.

"세 가로등 중에 무지개가 보이는 가로등이 있어요?"

그러자 자매가 찬찬히 가로등을 살폈다.

"어? 가운데에 있는 가로등에 무지개가 떠 있네요, 이 밤에… 정말 신기하네요!"

나는 감격함으로 주께 기도했다.

'제 기도를 들으시고 성령의 놀라우신 능력으로 무지개를 나타내 주신 사랑의 하나님! 아버지의 뜻대로, 주님의 도구로 쓰임 받겠습니다. 저를 써주옵소서. 잃어버린 영혼들을 찾으실 때, 이 생명을 다 바쳐 순종하겠습니다.'

그날 밤, 나는 기도하며 뜬눈으로 밤을 지새웠는데, 다음 날도 주의 은혜로 전혀 피곤하지 않았다.

● 예언의 은사

예언의 은사는 교회의 덕을 세우고 권면하며 안위하는 것이다. 구약의 예언은 직접적으로 주어졌고, 신약시대에는 영감으로 주어졌다.

사랑을 추구하며 신령한 것들을 사모하되 특별히 예언을 하려고 하라
고전 14:1

이 은사는 하나님의 말씀을 대언하는 은사이다. 시공간을 초월하며 미래에 대한 말씀을 직접 계시하는 것으로 진리를 사람들에게 선포하고 전하기도 한다. 사람과 환경에 대해 하나님의 뜻을 전하는 것이다. 구약시대에는 특정한 선지자들을 통해 죄에 대해 경고하거나 하나님의 대언의 말씀과 뜻을 전했고, 미래와 당대의 일을 예고하기도 했다.

오늘날에는 예수님의 이름으로 기도하는 모든 자가 하나님의 음성을 들을 수 있게 하셨다. 예언에는 하나님의 지혜와 뜻이 담겨져 있다. 그래서 예언을 전달할 때는 지혜가 필요하다.

나는 이 사역을 하기 8년 전에 김홍식, 조성진 두 목사님으로부터 예언을 받은 적이 있다. 두 목사님은 앞으로 내가 비행기를 타고 온 세계를 바쁘게 순회하며 사람들에게 기도사역을 하며 복음을 전하게 될 거라고 기도해주셨다. 오늘날 그 기도가 이루어져 세계를 다니는 순회선교사로서 남편과 함께 사역에 순종하고 있다.

그러나 이 예언은 생활사를 미리 얘기하는 수준이 아니다.

"집을 팔까요, 말까요? 내 자녀가 원하는 대학교에 합격할 수 있을까요? 이 병이 나을까요? 이 사람과 결혼을 할까요?"

여러 가지 세상의 것을 묻고 궁금해 하는 사람들이 많다. 어떤 사람은 하나님께 하루에 100번 이상 묻는다고 한다. 그러나 하나님께서는 사람들에게 자유의지를 주셨다. 그것을 마음껏 기쁘게 사용하면 하나님께서 도와주신다.

대학교에 합격하려면 공부를 열심히 하고, 실수가 없으면 된다. 집을 팔고 싶으면 팔고, 형편대로 자신이 결정해서 해야 할 일이다. 결혼은 사랑하면 하고, 사랑하지 않으면 하지 말아야 한다. 결혼을 결정하는 것보다도 내가 결혼해서 결혼생활을 잘하는 게 하나님의 뜻에 순종하는 삶이다. 내가 믿음으로 순종하고 말씀을 이루고 살면 주신 예언은 이루어진다.

또 예언의 은사가 있는 사람은 하나님이 세우신 교회 공동체 권위자의 권위를 벗어나서 단독으로 사역을 해서는 안 된다. 그 권위는 하나님께로 내려온 권위이기 때문이다. 예언사역을 하는 것보다 하나님이 더 원하시는 건 질서를 지키고 권위에 순종하는 것이다. 나 역시 이것을 철저히 지키려고 한다.

예언의 은사는 담임목회자의 관리 아래에서 쓰는 게 현명하다. 그리고 예언을 받았다면 마음 속 깊숙이 간직하는 게 좋다. 함부로 사용하면 공동체에 불이익을 줄 수 있기 때문이다.

또 하나님의 말씀은 최소한 두 사람이 함께 같은 뜻을 받게 되어 있다. 예언을 받고 사용하는 것보다는 인내하고 기다리며 나를 합당한 그릇으로 빚어나가시는 주님의 연단을 통해 예수님의 성품으로 성화되는 게 먼저다.

● 영 분별함의 은사

영 분별함의 은사는 영의 정체가 어떤 것이며, 어디에서 왔는지 분별하는 은사다. 우리는 하나님의 영과 어둠의 영과 내 영을 분별할 줄 알아야 한다. 예수님도 나다니엘이 걸어오는 것을 보고 그를 가리켜 "그 속에 간사한 것이 없도다"라고 하셨다. 또 예수님이 십자가에 달리시고 사흘 만에 살아나실 걸 말씀하시자 베드로가 "주여, 그리 마옵소서. 이 일이 결코 주께 미치지 아니하리이다" 하니 "사탄아, 내 곁에서 물러가라! 너는 나를 넘어지게 하는 자로다"라고 하셨다.

베드로를 책망하신 게 아니라 배후의 악한 영의 정체를 아신 주님께서 분별하시고 책망하신 것이다. 그렇다고 우리가 "사탄아, 물러가라"라고 아무에게나 말해서는 안 된다. 특히 가정에서 믿음이 연약한 사람들에게, 남편 혹은 아내에게 잘못 사용하면 그들이 자신을 사탄이라고 한 것으로 오해할 수 있기 때문에 각별한 지혜로 분별해야 한다.

보통 예언의 은사와 영 분별함의 은사는 함께 사용된다. 사탄을 꾸짖어 쫓아낼 때도 사탄의 정체를 구체적으로 가려내어 대적하는 게 좋다. 슬픔의 영, 사망의 영, 우울의 영, 음흉의 영, 거짓의 영, 도벽의 영 등을 확실하게 대면서 대적할 때 꼼짝없이 도망간다.

사업과 기도사역으로 매우 바쁘게 살던 내게 어느 날, 자기 연민의 감정이 찾아왔다. 이는 내가 나를 지극히 사랑함으로 생기는 감정인데 결국은 내가 불쌍하다는 생각이 들면서 슬퍼지는 것이다.

아무도 나를 사랑하지 않는다는 이유로 사업과 사역을 모두 접고 혼자 멀리 떠나고픈 마음이 일어났다. 그러면서 눈물이 흐르는데 걷잡을 수가 없었다. 사람에게 그렇게 많은 눈물이 있을 줄 몰랐다. 남편도 자식도 친구들도 다 싫었고, 그들이 없는 먼 곳으로 떠나고만 싶었다.

어느 날, 나는 가족들에게 떠나겠다고 일방적으로 통보했다. 아들들과 며느리들이 놀라서 찾아와 갑자기 떠나려는 이유를 말해달라고 했다. 어떤 말도 하고 싶지 않고 눈물만 강같이 흘렸다.

그런데 둘째 며느리인 예윤이가 나를 보더니 말했다.

"어머니, 시커먼 물체가 어머니의 뒷목을 잡고 있는 게 보여요."

그때 깨달았다.

'아! 사탄이 나를 묶고 있구나.'

나는 말없이 기도하다 잠이 들었다. 꿈을 꾸었는데 머리가 큰 뱀이 슬프게 울면서 나를 보며 사랑한다고 말했다. 그동안 내 안에서 오랫동안 살아 왔다고 했다. 나는 즉시 선포했다.

"사탄아, 내 안에 있었다니 용서할 수 없다. 예수님의 이름으로 명하노니, 더러운 자기 연민의 영, 슬픔의 영은 떠나갈지어다. 예수님의 보혈의 능력으로 더러운 너를 쫓아낸다!"

꿈에서 대적기도로 쫓아내고 깨어보니 마음이 평안했다. 바쁘게 살다보니 어둠의 영이 찾아와 내 안에 자리를 잡은 것도 모르고 속았던 것이다. 그 이후부터 어둠의 영이 틈타지 못하도록 분별하고 깨어 있기를 기도했다.

● 방언의 은사

방언은 '하늘의 언어'라고도 하며 영으로 하는 기도를 말한다. 이는 인간이 만들어내서 하는 게 아니라 성령의 능력을 따라 말하게 되는 것이다. 처음에 방언을 받으면 의심이 들 때도 있다. 그러면서 방언을 사용치 않아 소멸되기도 한다. 방언을 받은 것이 마음으로 믿어질 때까지 의심하지 말고 간절히 기도하면 감동으로 받아 오랫동안 기도할 수 있다.

내 형제들아, 예언하기를 사모하며 방언 말하기를 금하지 말라
고전 14:39

방언의 은사를 자주 사용하면 영의 세계에 민감해져서 다른 은사를 받는 게 쉬워진다. 또한 기도의 은사이므로 다른 은사를 받는 데 통로 역할을 한다. 이것을 절제시키면 다른 은사가 열리는 게 막혀버리기도 한다.

성령을 받을 때 이 방언의 은사가 주로 처음에 나타나는 걸 많이

경험했다. 그러나 성령을 받은 사람들 중에 방언의 은사를 받지 못한 사람도 많다. 왜냐하면 은사이기 때문이다. 또 이 은사를 받았다고 해서 신앙이 성숙한 건 아니다. 그때부터 시작이다.

나 역시 방언의 은사를 처음으로 받았다. 이후 고난을 겪게 되었으며 수년 동안 홀로 광야에서 각고의 훈련을 받은 후 사역까지 하게 되었다. 이렇듯 방언의 은사는 본인의 덕을 세우며, 주님과의 인격적인 사랑의 관계를 맺는 통로가 된다. 또한 방언은 영으로 비밀을 말하는 것이기 때문에 하나님의 음성을 들을 수 있다.

어떤 선교사님이 아프리카에서 어린이들과 함께 사역하던 중에 이동하는 코끼리떼와 마주치는 일이 있었다. 그런데 이 일이 있기 바로 직전에 선교사님이 위험을 직감하고 급히 철수하여 화를 면할 수 있었다. 코끼리는 몸이 거대해 몇 마리만 몰려와도 아이들이 압사할 수 있었다. 그때 잘 모면할 수 있도록 도와주신 하나님께 감사기도를 하는데, 이 일에 대해 누군가가 중보기도를 해주었다는 주의 음성을 들었다고 했다.

같은 시간에 한국에서 어떤 권사님이 버스를 타고 가다가 자꾸 방언기도가 나왔다고 한다. 그래서 버스에서 내려 구석진 곳에서 한참 동안 방언으로 기도했다고 한다. 권사님은 이 기도를 통해 생명을 살렸다는 주님의 음성을 들었고, 기도 일지에 적어놓았다.

이 일을 그 선교사님이 3년 후에 한국에 나와서 선교 보고를 할 때 간증했다. 우연히 그 간증을 듣게 된 권사님이 기도 일지를 펼쳐보니 정확히 그 시각에 하나님께서 기도를 시키셨고, 순종함으로 기도했을 때 놀라운 일들이 일어난 걸 알게 되었다.

방언기도는 하나님을 일하시게 하는 기도다. 우리는 스스로 무슨 말을 하는지 잘 모를 수도 있다. 방언 통역함의 은사를 받아야 알 수 있다. 방언은 내 유익을 위해 하나님께 기도하는 하늘의 언어이다. 방언을 하게 되면 더 깊은 영적기도로 들어갈 수 있고, 하나님과 더 친밀하게 교제하게 된다. 더 많이 오랫동안 집중하며 기도하고, 성령의 뜻에 나 자신을 온전히 맡길 수 있다.

지금도 이 방언의 은사를 두고 논란이 많다. 그만큼 중요하기 때문이다. 악한 사탄이 거짓으로 흔들고 있다. 사탄은 심지어 귀신도 방언을 준다고 거짓을 퍼뜨린다. 여기에 속고 있는 사람들이 너무나 많다. 또한 다른 종교에도 방언을 한다고 해서 의심하는 사람들도 많다. 하지만 그들은 그들의 종교에서 나오는 주문을 하는 것이다.

방언은 하나님만이 주시는 선물이다. 그러나 처음에는 머리로 받을 수 있기 때문에 의심이 나는 것일 뿐이다. 마음으로 집중해서 받은 방언을 의심 없이 하게 되면 틀림없이 하나님이 주셨음을 확신하게 된다. 그 마음조차도 하나님이 인도하심으로 확신할 수 있게 된다. 방언을 받은 사람들은 받지 않은 사람들이 신앙이 없다고 하고, 방언을 받지 않은 사람들은 받은 사람들을 신비주의자들이라고 오해한다.

또 방언을 남발하여 받지 못한 사람들을 소외시키는 분위기의 교회가 있다면 절제해야 한다. 어쩌면 그들에게 방언의 은사가 임하지 않았더라도 다른 은사가 임해 있을지 모른다. 방언은 하나님과 함께 기도하는 기도의 은사일 뿐이다. 이를 통해 그분을 더 알아가고 예수님을 닮기 위해 충만한 삶을 더 구해야 한다. 그리고 이 모든 은사는 복음을 전하는 데 목적이 있다는 걸 명심해야 한다.

● 방언 통역함의 은사

방언 통역함의 은사는 방언을 사용할 때 통역하여 주위 사람들에게 유익을 준다. 공적으로 방언할 때는 방언 통역함의 은사가 임한 사람이 함께해야 한다. 방언 통역에는 방언을 그대로 알아듣는 것이 있다(고전 14:13 참조).

이 은사는 방언으로 말하는 것을 듣는 사람의 언어로 알아들을 수 있는 것이다. 이는 성령님의 초자연적인 능력으로 계시를 받는 것이다. 또 방언하는 자의 뜻을 즉흥적으로 통역할 수도 있는데 이를 '통변'이라고 한다. 나 역시 가끔 기도사역을 할 때에 이 통변의 은사를 사용한다.

이 은사로 예언이나 메시지를 전하기도 한다. 믿고 선포할 때 역사가 반드시 일어난다. 어떨 땐 하나님의 능력으로 글자로 해석이 되어 나오는 경우도 있다. 이 방언 통역함의 은사는 단순히 인간이 사용하는 언어를 통역하는 게 아니다. 하나님의 놀라운 뜻을 전하는 통로이기 때문에 실제로 사람의 제한된 언어로 다 통역할 수는 없지만 되도록 하나님의 것을 선별(구별)하여 그 뜻을 이루기 위해 순종함으로 그분의 마음을 전한다. 영으로 받아 영으로 전하는 것이다.

인간의 제한된 사고 능력으로 성경에 있는 은사들을 부정하거나 비판하거나 비방하는 일이 없어야 한다. 하나님께서 값없이 선물을 주시면서 이것을 헷갈리도록 받게 하시는 분이 아니다. 사랑으로 순종하며 있는 그대로 순수하게 마음 문을 열면 성령님이 깨닫게 해주시고, 우리가 필요할 때 믿음의 분량대로 주신다. 그때 기쁘고 감사하게, 의심 없이 받게 되기를 바란다.

'은사는 없어졌다. 사라졌다'라는 의심으로 비판과 비방을 하다 보면 평생 성령의 능력을 제한하여 믿음이 자랄 수 없게 된다. 의심의 배후에는 사탄의 전략이 숨어 있다. 성경 말씀을 일점일획도 부인해서는 안 된다.

주신 은사를 감사히 사용하여 교회에 유익을 끼쳐야 한다. 하나님은 우리에게 이 모든 은사를 주시기를 기다리고 계신다. 복음을 전하는 예수님의 제자들에게 은사가 임하여 오직 예수님을 증거하는 데 사용되었다는 사실을 기억해야 한다. 마음 문을 열고 간절히 사모하고 기도하면 기쁨으로 주실 것이다.

말씀을 기준으로

하나님께서 주신 영 분별함의 은사를 사용할 수 있는 일들이 사역 가운데 많이 일어났다. 그중에는 귀신이 들렸다가 회복된 사람들이 많다. '사탄'(satan)은 히브리어 '사타나스'에서 왔다. '대적, 대항하는 원수'라는 의미가 있다. '마귀'(devil)는 헬라어로 '디아볼로스'에서 유래되어 '참소하는 자, 비방하는 자'라는 뜻을 지니고 있다. 사탄과 마귀는 단수이지만, 귀신들은 복수다. 귀신들은 더러운 영이고, 거짓의 영이고, 사탄의 지령을 받는 하수인들이다.

또 이들은 죽은 영혼이 이 세상에 떠돈다고 하며, 그것이 '조상들의 영혼'이라고 속인다. 그래서 죽은 조상 귀신들의 영혼을 부르기 위해 굿을 하기도 하고, 제사를 지내고, 목소리를 들려주기도 한다. 또 타로 점을 치는 자들, 점쟁이나 무당은 과거의 일들을 맞추고 미래에 대한 거짓을 알려주며 현혹한다. 세상 사람들뿐 아니라 교인들까지도 이런 귀신들의 거짓에 속아 조종을 당하는 경우가 너무나 많다. 죽은 영혼은 세상을 떠돌 수 없다. 믿지 않는 자는 지옥이요 믿는 자는 천국으로 가게 되어 있다.

"하나님이 범죄한 천사들을 용서하지 아니하시고 지옥에 던져 어두운 구덩이에 두어 심판 때까지 지키게 하셨으며"(벧후 2:4).

하나님께서 무저갱에 가두어 놓은 천박하고 사악한 영들은 타락한 천사들이다. 세상으로 내쫓겨 무저갱에 갇혀 있는 이들은 늘 불안하고 초조하며 사람들에게 들어가 쉼을 얻기를 바라며, 자신들이 머물 수 있는 적당한 장소가 될 사람을 찾아다닌다. 마귀는 인간을 시험하기 위해 간교와 궤계를 부리며 찾아온다. 그러나 예수님이 십자가에 죽으시고 사흘 만에 부활하실 때 하늘의 영적 전쟁에서 승리하심으로 마귀를 땅으로 완전히 내쫓으셨다.

승리하신 예수님의 능력에 힘입어 우리가 사탄을 이길 수 있도록 도와주신다. 그러나 우리의 삶이 예수님을 의지하지도, 신뢰하지도 않는다면 이미 우리 생각이 어둠의 영들에게 조금씩 사로잡혀 있다고 봐야 한다. 그래서 '귀신이 들렸다'는 표현보다는 '귀신들에게 내 생각이 사로잡혔다'라는 표현이 맞다.

"마귀가 벌써 시몬의 아들 가룟 유다의 마음에 예수를 팔려는 생각을 넣었더라"(요 13:2)라는 구절에서 알 수 있듯이 생각을 타고 들어온 악한 생각은 마음으로 내려가 행동으로 드러나 목적을 달성하게 된다. 생각은 마음의 출입구와 같다.

가룟 유다도 생각을 타고 들어온 악한 영으로 인해 예수님을 팔려는 마음을 작정했다. 생각은 시간과 공간을 초월한다. 생각을 타고 들어온 귀신들은 추상적인 존재가 아니라 실체이며, 지금도 존재하고 있다. 그들은 기회를 노리다가 창조주이신 하나님과 나와의 관계에 문제가 있으면 어김없이 침투한다.

소외감, 억울함, 우울증, 자살 충동, 조울증, 공황장애, 폐쇄공포증, 피해망상증, 과대망상증, 각종 받은 상처 등. 이런 증상이 있다면 하나님과 내 관계에 문제가 있을 수 있다. 이들은 틈을 노리고 들어와 인간과 하나님이 연합하는 걸 훼방한다.

그러나 모든 게 마귀와 귀신으로부터 오는 건 아니다. "오직 각 사람이 시험을 받는 것은 자기 욕심에 끌려 미혹됨이니"(약 1:14)라고 하신 말씀처럼 사탄의 거짓에 미혹됨은 바로 내 욕심이 있기 때문이다. 하나님의 거룩하신 성품을 경험하고 살아가야 할 인간을 죄의 종이 되게 하고, 인격 장애를 일으켜 하나님과 멀어지게 하는 게 그들의 목적이다.

결론적으로 악한 영을 대적하기 위해서는 우리의 심령이 하나님이 주신 성경 말씀에 기초를 둠으로 완전 무장해야 한다.

사랑으로 기도하라

진리를 선포하는 NCMN 비전스쿨에서 훈련받는 중에 은혜를 가장한 마귀가 틈을 노리고 들어온 일이 있었다. 성령님의 운행하심으로 모든 훈련생들이 임재 속에 들어가려고 할 때 갑자기 고요하던 기도 시간에 한 자매가 크게 방언을 하며 강단 위로 올라와서 난동을 부리는 일이 일어났다. 힘이 어찌나 센지 누구도 감당할 수가 없었다.

이 일로 모든 사람들이 방해를 받았고, 계속 기도할 수가 없어서 잠시 중단되었다. 기도사역을 할 때 그 자매가 내게 기도를 받으러 왔다. 나는 함께 중보기도를 하던 간사들에게 잠깐 자리를 비워달라고 부탁했다. 귀신이 든 자는 참소할 거리를 찾는다. 옆에 사람이 많으면 많을수록 거짓으로 조종하고 참소하는 일이 일어난다. 기도 시간을 빼앗고, 능력의 기도를 훼방하기 때문이다.

한참 기도를 해도 귀신이 나타나지 않았다. 이럴 때 방언을 하면 잠재되어 있던 것들이 나타나기도 한다. 그래서 방언을 함께하고 있는데 갑자기 자매가 소리를 지르며 쓰러졌다. 방언은 놀라운 능력의 기도다. 하늘의 언어이기 때문에 강한 능력이 있다. 성령의 인도하심을 따라 방언을 말하니 자매 안에 잠재되어 있던 악한 영이 내면에 집을 짓고 있다가 성령님의 강한 능력에 견디지 못하고 튀어나왔다.

나올 때는 여러 현상이 일어난다. 예를 들어 크게 소리를 지르거나 가래침을 뱉거나 기침을 하거나 쓰러져서 악한 영의 형태(뱀같이 기어 다님, 우는 사자처럼 소리 지름)로 나타나기도 한다. 쓰러진 자매가 바닥을 휩쓸면서 귀신의 힘에 끌려 다녔다. 나는 그 자매가 안쓰러워서 내 품에 안고 사랑으로 기도했다.

"주님, 이 딸을 불쌍히 여기소서. 사탄을 물리쳐주십시오."

기도해보니 어릴 때 자매는 새어머니에게 큰 상처를 받았다. 새어머니가 이 자매를 때리고 발로 차고, 분쟁과 분열 속에서 깊은 상처를 받아 결국 원수 관계로 묶여 있었다. 그리고 자신의 딸에게 학대한 죄책감이 상처로 크게 잠재된 것이 기도 안에서 드러났다. 어릴 때 부당한 대우를 받아 억울했던 상처가 치유되지 않아서 자신에게 제일 가까운 연약한 딸을 분노의 가시로 찌른 것이다.

그래서 그녀가 상처 받은 만큼 자신의 딸을 때리고 욕했다. 딸에게 사랑으로 대하지 않았던 것들이 자매에게 죄책감으로 쌓여 있었다. 그리고 재정 문제로 극한 상황까지 갔던 흔적들이 상처로 묶여 있었다. 사탄이 이 틈을 노리고 상처의 무덤을 공격했던 것이다

우리 안에 상처가 있으면 일단 마귀의 공격 대상이 된다. 성령이 역사하는 자리에 이 악한 영들이 나타나서 상처 있는 사람을 이용하여 성령의 임재를 방해하는 것이다. 이 자매도 그런 경우였다. 바닥에 쓰러진 자매는 고함을 지르며 발버둥을 쳤다.

"엄마, 미워! 왜 날 싫어하고 때렸어! 나도 싫어, 엄마, 어디 있어!"

자매의 울부짖음에는 계모에 대한 원망과 저주와 함께 친엄마에게 사랑받지 못한 아픔과 그리워하는 마음도 섞여 나왔다. 나는 그런 그녀가 애잔해서 더 감싸 안아주었다. 그녀에게 사랑의 위로와 격려를 해주었다. 그리고 대적기도를 했다.

순간 그 자매가 다시 한 번 혼절하더니 한참 자고 나서 마음이 평안해졌다며 일어났다. 귀신이 든 자가 스스로 인정하지 않으면 절대 귀신은 나가지 않는다. 나는 이런 경우에 인정하는지를 꼭 묻는다. 인정하고 입술로 시인하는 게 주님만 의지하겠다는 표현이기 때문이다. 그래서 자매에게 귀신이 든 것을 인정하느냐고 물었다. 처음에는 몰랐다고 했다. 전체 기도 시간에도 성령님의 인도하심을 받는 줄 알고 자기도 모르게 이끌려 강단에 올라가서 큰 소리로 기도했다고 했다.

자매는 당연히 그렇게 기도하는 줄 알았다고 했다. 사탄의 조종과 거짓에 속은 것이다. 우리는 우는 사자처럼 틈을 노리고 삼킬 자를 두루 찾아다니며 공격해 오는 영들을 늘 분별해야 한다. 이를 위해서는 말씀 위에 바로 서 있어야 하며, 깨어 기도해야 하고, 주님의 통치함을 받도록 간절히 사모해야 한다.

자매는 자신에게 일어났던 기괴한 일들이 자신에게 들린 귀신의 짓임을 인정했다. 그리고 성령님의 능력에 힘입어 대적하며 기도하자, 귀신이 자매에게서 완전히 떠나갔다.

일주일 후 자매가 치유받고 하나님께 감사하다며 나를 찾아왔다. 그녀의 예쁜 딸과 함께 왔다. 나는 자매에게 "죄책감을 치유받았으니 당신의 딸에게도 용서를 구하라"라고 말했다. 자매는 순종하며 그동안 잘못했던 모든 죄를 주님께 회개하듯 딸에게 용서를 빌었다.

우리의 자녀들이 분쟁으로 관계가 찢어져 원수 관계로 있다가 회복되고 화해하며 서로 사랑하는 모습을 보이면 부모가 기뻐하듯 하나님께서도 그것을 기뻐하신다.

내적치유와 회복

우리의 내면에는 깨어 있는 의식과 잠재된 무의식이 있다. 깨어 있어서 의식하는 건 치료가 가능한데 무의식중에 입은 상처는 알 길이 없기에 치유를 받기가 어렵다. 특히 어릴 때는 연약하기에 부모나 형제들이나 친구에게서 쉽게 상처를 받는다. 또한 태아 때나 어린 아기였을 때 받은 상처는 잘 기억할 수 없다. 머리로는 기억하지 못하지만 그 상처를 스치고 건드리면 아파서 소리를 지른다.

상처의 원인은 과거에 형성된 쓴뿌리로 인해 생긴 부정적인 마음의 생각이 왜곡된 판단을 하게 하고, 상상하고 추측하여 오해하게 한다. 회복되지 못한 상한 마음이 그 원인이기도 하다. 또한 죄에 이끌린 방탕한 생활로 얻은 어리석은 생각들이 원인이 되기도 한다. 상처는 자기 존재감을 깨버리기 때문에 특히 가까운 사람들에게서 잘 받게 되고 그들에게 도로 주기도 한다.

상처를 치유받지 못하면 어둠이 틈을 타고 들어오는 통로가 된다. 그래서 어둠의 영인 사탄에게 우리의 생각과 마음이 완전히 잠식당하고 만다. 상처가 가져다주는 피해는 참으로 크다.

이로 인해 하나님과 단절되어 분별력을 갖지 못하게 된다. 그리고 공격적인 성향으로 변해 인간관계도 어렵다. 늘어나는 자기 비하로 늘 열등의식을 지니고 살아간다. 그래서 자신이 갖고 있는 지식과 물질로 인정받기를 원한다. 또 인정받지 못할 때는 무언가에 집착하고 강박증에 시달린다.

실제로 죽고 싶은 것도 아닌데 입으로는 늘 죽고 싶다고 말한다. 또한 대인 기피증으로 사람들과 눈을 마주치지 못한다. 사탄이 배후에서 조종하고 지시하기 때문에 우울증으로 가게 되면 자살에 이르기도 한다. 상처를 치유 받으려면 제일 먼저 자신의 상처를 인정해야 한다. 상처는 곧 죄이기 때문이다. 상처가 없다는 건 곧 죄가 없다고 하는 말이나 다름없다. 반면에 그것을 인정한다는 건 내 의지로 상처를 해결할 수 없기 때문에 성령의 능력에 자신을 모두 맡기겠다는 뜻이다. 그때 성령께서 임하셔서 치유 받을 수 있다.

우리 안에는 성령의 소욕과 육신의 소욕이 함께 있다. 내가 세운 자기 중심의 법, 즉 육신의 법이 지배하는 육신의 소욕이 있다. 돌짝 밭에 뿌려진 나쁜 씨앗은 빛을 받지 못해 결국은 쓴뿌리가 되고 만다. 쓴뿌리는 영양분을 충분히 공급받지 못해 잘 자라지 못하고 열매도 맺지 못한다. 어둠이 주는 음행, 거짓, 우상숭배, 당 짓는 것, 분노, 방탕, 중독 등 셀 수 없이 많은 나쁜 열매를 맺을 뿐이다.

내 안에 부정적인 쓴뿌리의 덩어리가 있다면 결국 가시를 던져주는 사람이 되고 만다. 그러나 우리 안에 성령의 법으로 거룩하게 살려는 성령의 소욕은 그 법 아래 통치를 받기 때문에 성령의 열매를 맺게 된다. 옥토에 좋은 씨앗이 뿌려져 빛을 받고 가지치기를 하면 큰 나무로 자라나 많은 열매를 맺게 된다.

하나님께서는 우리를 위해 쓴뿌리의 상처를 드러내주시고 성령의 열매를 맺길 기다리신다. 사랑과 희락, 화평과 오래 참음, 자비와 양선, 충성과 온유와 절제의 열매를 맺길 기다리신다.

우리 안에서는 육신의 소욕과 성령의 소욕, 이 두 소욕이 끊임없이 갈등을 일으키고 있다. 우리의 심령 상태에 따라 강한 쪽이 약한 쪽을 장악해버린다. 우리의 마음에는 자유 의지가 있기 때문에 우리를 존중하시는 하나님께서 우리가 자신의 의지를 그분께 의탁하기를 기다리신다. 육신의 소욕은 상처의 무덤, 내 중심의 법에서 나오는 것이기 때문에 상처가 많을수록 성령의 소욕이 없어진다.

그래서 사도 바울도 "오호라 나는 곤고한 사람이로다 이 사망의 몸에서 누가 나를 건져내랴"(롬 7:24)라고 말한다. 마음은 선을 행하고자 하나 육신은 악을 행하는 것이 우리이다. 틈을 노리고 들어온 사탄이 우리를 죄의 길로 조종하고 이끌려고 하기 때문에 우리 안에 은밀히 잠재되어 있는 죄의 본성들은 성령의 빛으로 빠른 시일 내에 치유를 받아야 한다.

그 증거로 마음 안에 단단히 자리잡고 있던 쓴뿌리가 사라지고 성령님의 인도하심으로 회개가 일어난다. 진정으로 내려놓으면 죄의 뿌리를 회개하게 되고, 하나님께 돌아오게 된다.

회개는 내려놓음의 통로다. 어쩌면 세상에서 취한 것들은 우리의 의지로 내려놓을 수도 있다. 그러나 보이지 않는 영이신 성령님을 인정하고 내 내면의 상처를 내려놓고 그분에게 내 권리를 포기하고 맡기는 것은 매우 어렵다. 성령의 인도하심 없이 우리는 어떤 것도 내려놓을 수 없다. 다만 그분의 능력으로 인해 회개의 합당한 열매로 순종할 뿐이다.

이 내려놓음은 내적치유의 동기가 된다. 주님의 은혜로 내가 받았던 가시보다 오히려 내가 던진 가시가 더 많았음을 깨닫고, 지금까지 잘못 살아온 죄가 모두 생각나서 통찰하게 된다. 이처럼 오직 주님께서 그분의 능력으로 치유하시는 게 내적치유다.

그 결과는 절대 용서하지 못할 것 같았던 원수를 용서하게 되고, 과거에 수치스럽고 억울했던 상처가 기억도 나지 않게 되는 것이다. 기억이 날지라도 이미 치유받아 회복된 상처는 내게 속한 게 아니므로 감정의 지배를 받지 않는다. 용서는 치유와 성숙으로 가는 디딤돌이다. 용서하는 만큼 주님을 닮아가고, 주의 은혜가 임하여 성화된다. 그래서 내적치유의 열매는 바로 '용서'다.

내적치유의 목적은 우리가 하나님의 형상으로 회복되는 것이다. 과거의 묶임에서 풀려나고, 부정에서 긍정으로 바뀌며, 포로에서 풀려나 자유해진 내 영혼에 기쁨과 감사가 넘치게 된다. 육신의 생각은 사망이요, 영의 생각은 생명과 평안이다. 육신의 생각에서 사망의 늪지대를 헤매다가 치유되고 회복되면 생명이 기름부으심을 받는 영의 사람이 된다.

영이 회복되면 신령과 진정으로 예배드리는 참된 신자가 된다. 예배를 통해 하나님과 관계가 더욱더 회복되며 그 권위 아래에 거하게 된다. 그때에야 비로소 성령의 통치함만 받는 하나님의 나라가 내 안에 거하게 되며, 성령의 열매를 맺게 된다.

에필로그

말씀을 이루고 사는
청지기의 삶

하나님과 가장 친밀한 동행

이 간증을 잘 마무리할 수 있도록 인도해주신 하나님께 무한한 감사를 드린다. 주님은 부족한 여종을 내적치유사역자로 세우시고, 이 책을 쓰기까지 수많은 고난과 연단을 통과하게 하셨고, 또 사역을 알리기까지 많은 영적 지도자들을 예비해주셨다. 주님께 영광이요 통로가 되어주신 모든 분들께 감사드린다.

이 책은 사역을 인도하신 성령님의 임재하심과 그분의 놀라운 능력과 사랑을 체험하고 은혜를 받은 자들이 실제로 치유되고 회복된 사실 그대로를 순종함으로 쓴 이야기이다. 이 책을 통해 길을 잃고 헤매는 한 영혼을 애타게 찾으시는 변함없으신 하나님의 사랑을 전하고 싶었다.

내적치유사역은 이론이 아니라 주님의 음성을 듣고 그 사랑을 전하는 기도사역이다. 그 사랑이 바로 복음이기에 이제 남은 생애를 주님의 사

242

랑을 흘려보내는 사랑의 전도자로 잃어버린 양을 찾아 주님의 따뜻한 품에 안겨드리고 싶다. 상처받은 영혼들을 위해 순종하며 기도할 때 주님께서 그분의 사랑으로 치유하시고 회복시켜주시는 걸 목격했다.

어떻게 하면 주님의 사랑을 체험하고 치유 받을 수 있을까?

첫째, 생명이 되신 진리의 영께서 우리의 영에 충만하게 채워지도록 간절히 사모하고 간구해야 한다.

사람은 하나님이 창조하신 존재이므로 진리의 영이신 성령의 도우심으로 내 영이 깨어나야 하나님을 만날 수 있다. 성령님은 하나님과 관계 회복을 위해 먼저 우리 안에 잠재되어 있는 내면의 상처를 치유하신다. 그 이유는 회복된 우리의 속사람을 더욱더 믿음으로 성장케 하시고 성숙한 열매를 맺길 원하시기 때문이다.

"오직 성령이 너희에게 임하시면 너희가 권능을 받고 예루살렘과 온 유대와 사마리아 땅끝까지 이르러 내 증인이 되리라 하시니라"(행 1:8) 하신 말씀처럼 성령의 권능이 임해야 복음을 전하는 증인의 삶을 살 수 있다.

내 영이 성숙해지고, 성령충만함이 임할 때 성령님께서 권능과 능력을 부어주시며 하나님의 나라를 이루며 살게 하신다. 성령충만함이 열매를 맺는 삶으로 성화되어야 비로소 복음의 도구로 사용되게 하시는 것이다.

나 역시 이 사역을 통해 예수님을 만난 흔적, 영적 체험은 반드시 말씀을 반석 삼아 이루어져야 함을 깨달았다. 그러므로 내 영혼이 성령을 간절히 사모하여 영적인 체험이 일어날 때, 잠재되어 있는 죄가 회개의 역사로 소멸되고 상처가 치유되는 것을 경험하게 된다.

영적인 체험은 추구하거나 억지로 시도하거나 강요한다고 되는 게 아니다. 오직 온전히 성령님의 주권적인 뜻에 맡겨야 한다. 체험 자체가 진리가 아니며, 오직 진리 자체이신 예수님께서 내리시는 은혜를 내가 영으로 받는 게 바로 체험이다. 체험을 하면 이전보다 더 깊이 하나님을 알게 되고, 그분과 동행하는 삶을 살게 된다.

둘째, 은혜를 체험하고 영이 깨어날 때 성령님께서 각 사람의 믿음의 분량대로 은사를 주신다. 은사를 받은 자의 자세도 제일 먼저 말씀의 다림줄 기준에 서 있어야 한다.

은사를 잘못 사용하다가 상처를 받고 출교가 되기도 하며, 교회가 분열되는 경우도 보았다. 은사가 있다고 해서 공동체의 권위를 무시하며 은밀하게 사용해서도 안 되고, 또 남용하거나 자랑삼아 나타내어서도 안 된다. 항상 권위자를 통해 점검받고 하나님의 때를 기다리며 인내와 절제로 나를 부인하는 순종함이 있을 때까지 잠잠해야 한다. 하나님은 은사를 사용하는 것보다 이 훈련을 통해 믿음이 성장하고 성숙해져서 주님과 더 친밀히 교제하기를 원하시기 때문이다.

은사는 성령님의 나타나심이므로 나 역시도 이 사역에 도구로 서기까지 엄청난 고난과 연단을 통과해야만 했다. 그러면서 예수님의 성품이 내 안에 열매로 나타날 때까지 훈련받고 기다려야 한다는 걸 깨달았다.

진리의 복음은 누구에게나 전해야 하지만, 은사를 누구에게나 사용하기까지는 훈련이 먼저 이루어져야 한다. 은사를 사용하는 사람들은 은사를 예언사역으로만 국한하여 사용하지 말고, 순종하여 주신 은사를 다 드러내는 게 중요하다. 예를 들어 예언은 영혼을 사랑하는 마음의 터 위에서 지식의 말씀 은사와 지혜의 말씀 은사와 믿음의 은사 등 각종 은사를 함께 드러내어 사용해야 한다.

내가 듣고 싶은 관심사나 생활사 등에 대해 꼭 예언을 받아야만 그다음 행동을 할 수 있는 예언 중독자들이 간혹 있다. 그러나 예언사역의 중심은 사랑으로 메시지를 전하며, 내 중심적인 신앙에서 하나님의 시각으로 예수 그리스도를 증거하도록 세움을 받는 것에 있다.

다윗은 소년일 때 선지자 사무엘을 통해 이스라엘의 왕으로 기름부음을 받았다. 하지만 금방 왕이 된 게 아니다. 숱한 고난과 훈련과 믿음의 성숙함이 있기까지 원수인 사울을 피해 다니며 벼랑 끝, 아둘람 굴속에서 마지막 쓰디쓴 연단과 시련을 통과한 후에야 왕으로 세워졌다.

예언이 이루어지기 위해 나를 단련시키는 하나님이심을 알아야 한다. 요셉이 꿈을 통해 예언을 받은 일은 형제들의 질투와 시기로 구덩이 속에 떨어지고, 형들에 의해 애굽 상인에게 노예로 팔려가게 된, 말로 표현할 수 없는 환난과 억울한 역경과 시련의 시작이었다.

꿈을 꾼 후 오랜 고난을 통해 애굽의 총리가 된 요셉은 자비와 겸손으로 다듬어졌다. 그리고 기근으로 양식을 구하러 온 형제들이 자신 앞에 다 엎드린 현장에서 그는 하나님의 사랑으로 형들을 품고 용서했다. 그의 믿음은 하나님께서 보여주신 꿈과 예언을 이루는 인간 승리를 보였고, 하나님께 영광을 돌렸다.

말씀을 이루며 사는 삶

우리는 간혹 생활사나 내 미래나 자녀들의 장래 일을 알기 위해 예언을 남용하기도 한다. 물론 우리의 중심을 아시며 우리의 미래를 주관하고 계신 하나님께서 때로 우리의 관심사나 궁금증을 풀어주기도 하신다. 그러나 그것은 본질이 아니다.

이미 펼쳐놓으신 우리의 미래는 예언을 이루어가는 수단이 될 수는 있으나 예언의 초점이나 핵심적인 목적은 아니다. 예언은 그것을 이루시는 하나님의 뜻을 알고 순종하며 성숙하게 세워지기 위해 덕을 세우며 권면과 위로로 사람을 세우는 데 목적이 있다.

또 받은 예언을 듣고 이루어지지 않을 때 실망하거나 실족하는 사람들을 많이 봤다. 그러므로 예언하는 사람들은 더 신중한 훈련을 필요로 하고 예언을 받는 자들도 실족하지 않기 위해서는 일대일의 기도를 통해 하나님의 음성을 직접 듣는 훈련이 필요하다. 예언을 선포하고 받기 이전에 하나님의 음성에 어떻게 순종해야 하는지, 자신이 성령님의 인도하심을 받고 있는지를 분별하는 게 가장 중요하다.

또한 평신도들이 복음을 위해 은사를 지혜롭고 겸손하게 사용할 수 있도록 교회 권위자들이 사랑과 배려로 말씀 안에서 훈련시키는 게 주님께서 기뻐하시는 일이라고 생각한다. 무조건 의심하고 핍박하고 견제하는 것은 주님의 양을 실족시키는 일이 되기 때문이다.

성령 안에서 하나가 되어 우리를 통해 이루고자 하시는 뜻을 협력하여 함께 이루어가야 한다. 그 비전을 향해 하나님의 열심과 성실하심이 가정과 이웃, 교회와 열방으로 동일하게 흘러갈 수 있도록 끊임없이 기도해야 한다.

진정한 예언을 이루고 사는 제자의 삶은 말씀을 이루고 사는 '청지기의 삶'을 사는 것이다. 주인의 뜻대로만 순종하며 그분의 비전을 이루고, 주인께 영광을 돌리는 겸손하고 무익한 종이 되어야 한다. 이 책을 읽는 모든 분들이 성령님을 체험하여 영이 깨어나는 은혜를 받게 되기를 바란다. 나는 주의 은혜로 변화받은 내 삶을 제자의 삶으로 순종하고, 남은 인생을 주님께 모두 드리고 싶다. 그리고 그분의 사랑을 전하고 그 사랑을 흘려보내며 주님과 동행하며 살기를 소망한다.

안고 우는 기도자

초판 1쇄 발행	2015년 11월 30일
초판 9쇄 발행	2022년 2월 28일

지은이　박윤희

펴낸이　여진구
책임편집　김아진
편집　이영주 정선경 진효지 최현수 안수경 김도연 최수정 정아혜
디자인　마영애 노지현 조은혜
기획·홍보　김영하
마케팅　김상순 강성민 허병용　　마케팅지원　최영배 정나영
제작　조영석 정도봉　　경영지원　김혜경 김경희

303비전성경암송학교 유니게과정　박정숙 최경식
이슬비전도학교 / 303비전성경암송학교 / 303비전꿈나무장학회　여운학

펴낸곳　규장

주소　06770 서울시 서초구 매헌로 16길 20(양재2동) 규장선교센터
전화　02)578-0003　팩스　02)578-7332
이메일　kyujang0691@gmail.com　　홈페이지　www.kyujang.com
페이스북　facebook.com/kyujangbook　　인스타그램　instagram.com/kyujang_com
카카오스토리　story.kakao.com/kyujangbook
등록일　1978.8.14. 제1-22

ⓒ 저자와의 협약 아래 인지는 생략되었습니다.

책값　뒤표지에 있습니다.
ISBN 978-89-6097-430-2 03230

규 | 장 | 수 | 칙

1. 기도로 기획하고 기도로 제작한다.
2. 오직 그리스도의 성품을 사모하는 독자가 원하고 필요로 하는 책만을 출판한다.
3. 한 활자 한 문장에 온 정성을 쏟는다.
4. 성실과 정확을 생명으로 삼고 일한다.
5. 긍정적이며 적극적인 신앙과 신행일치에의 안내자의 사명을 다한다.
6. 충고와 조언을 항상 감사로 경청한다.
7. 지상목표는 문서선교에 있다.

하나님을 사랑하는 자 곧 그의 뜻대로 부르심을 입은 자들에게는 모든 것이 合力하여 善을 이루느니라(롬 8:28)

규장은 문서를 통해 복음전파와 신앙교육에 주력하는 국제적 출판사들의 협의체인 복음주의출판협회(E.C.P.A:Evangelical Christian Publishers Association)의 출판정신에 동참하는 회원(Associate Member)입니다.